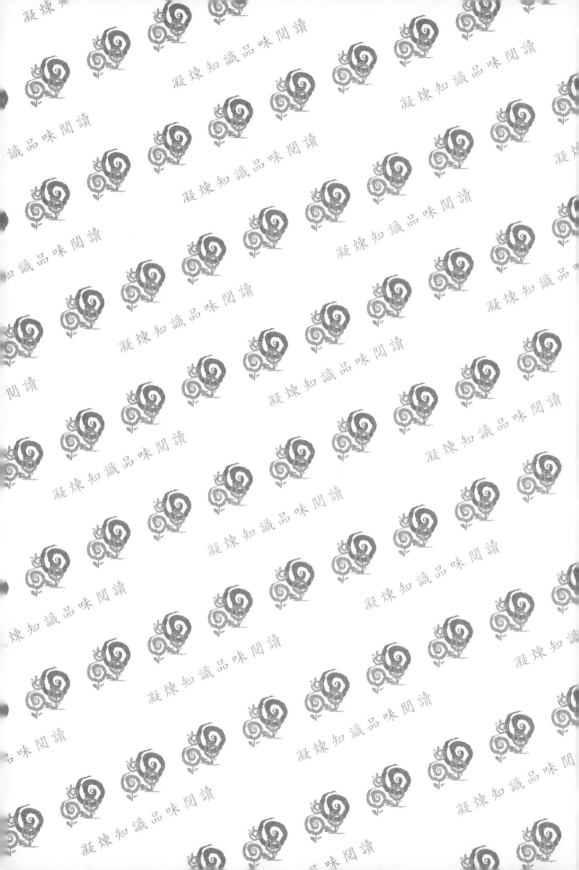

教育創新經營

工作、生活與學習的智慧

劉仲成　著

五南圖書出版公司 印行

自序

實踐智慧的幸福學

春光，捎來了一片蓬勃朝氣與嶄新活力，從圖書館辦公室俯望窗外，那片綠，隱隱透著柔嫩喜悅的浮光。公共藝術「大未來」在驕陽下，展現著翻騰昂揚之勢，亮眼的銀光，掩不住的大器，象徵無限大的符號──「∞」，在藝術家的巧思下，以流動的形態融入冥想未來的意涵。是的，每個明天都有無限的想像，每個昨天成就了今天的自己。

2019 年 7 月手握熱騰騰的行政院政府服務獎，一片雄心迄今未曾冷卻。當下，我欣慰的思忖著，醞釀好些時日，暢談理念與分享經驗的想法，更加明確。過往辛勤的灌溉，才有如今纍纍結實的成果，從教師、教育局長、教育部督學、司長，到現任的國資圖館長，從基層到中央，一路走來，讓我更有同理心面對職場的人、事、物，懂得什麼是感恩惜福，什麼是竭盡全力，什麼是努力方知珍惜。職場的課題，對我而言是門實踐智慧的幸福學，於是，催生了這本書。

一本初心

職場的開端，往往是從「做中學」開始的，在處理事務的同時，不斷累積經驗，修正方向，慢慢熟稔後，開始懂得「學中做」，學著與時俱進，不斷挑戰自己；學著擴展視野、定位價值，轉化成能量，在發光發熱的同時，也讓正向的思維，帶領自己、感染別人，所有努力的點滴，都將匯聚成滋養荷香稻盈的江河，淌過沃土。惟有壯大自

身，才能以最佳優勢，面對「有理想要追、有責任要扛」的人生。

　　師範體系畢業的我，對教育工作自然有股莫名的堅持，這是我的「初心」，這份強烈的使命感，支持著我一路走來。我很慶幸自己曾在基層得到很好的磨練，因為這段經歷，讓我深知學校及家長對教育的需求與期許，也讓我在擔任教育局長時，能更得心應手，摸索出一套地方教育行政的實務經驗。賈伯斯曾說：「創造的祕密，就在於初學者的心態。」因為時刻保持那股原始探索的熱情與初衷，賈伯斯創造了蘋果奇蹟。「不忘初心，方得始終。」動力的開端，源自於最深厚的內裡本相，再以未來的視野去思考問題並付諸行動，時間是如此的公平，但握在每個人手裡的價值卻完全不同，正是因為維持「初心」的不易。所有的堅持與努力、跋涉與歇息，深一腳淺一足，凡走過必留痕跡，落在足跡裡的，盡是理想與感恩，一步一腳印始終隨著自己的初心進發，才能成就深廣而創新的格局。

從 3 支大功開始

　　921 大地震，震毀了南投縣 182 所國中小學，高達 136 所，超過三分之二以上的學校重建。時任南投縣教育局主管一職的我，自是責無旁貸，與眾人戮力同心，在瓦礫堆下，展開教育的希望工程。

　　唯有「化危機為轉機」，才能讓滿目瘡痍的南投帶來重生，這是大家的共識，因此，每一所校園，不僅要重建，更要與南投的好山好水相互輝映；依循自然，以對生態崇敬的建築工法，融入教改理念，以空間引領教學的創新，推動歷史性的「新校園運動」，讓品德、環保與生命教育的心靈重建課題，成為帶動校園設施規劃的核心，不僅

是建築本體的革新，更導入美學與人文精神，每一所校園，都將成為當地最美的故事，而每一個在校園追逐夢想的孩子，都將用希望撫平大地的傷口。

走過重建的漫漫長路，「全國最美的校園在南投」此一名聲不脛而走，吸引各地老舊校舍的重建團隊前來取經，縣府教育局並將成果彙編成專輯，記錄這劃時代的一刻。重建過程中，我接下了教育局局長的重擔，肩扛使命繼續向前行……在公私協力，中央與地方不分彼此的努力下，在匯集各界的暖流下，最終完成了這「境教」與「心教」共好的理想，而我拿下職涯的第一支大功，有太多的感觸與感恩……。

第二支大功是在擔任南投縣教育處處長時，首次承辦全國中等學校運動會，這也是南投縣建縣 55 年來的第一次。我的教育團隊齊心協力，團結合作，以鄉下人辦喜事的心情來迎接挑戰，用心規劃、用力執行、用情創新，最終立下 3 項創舉：一是禮遇選手，設置組合式階梯看臺，讓典禮進場的選手們，能在操場上輕鬆圍坐觀看各項表演，倍感尊重；其次是以萬人美食，行銷南投縣農特產，到場的貴賓、選手不僅能大塊朵頤，更對南投美食留下深刻印象；第三則是歷年來用最少經費，創造活動最高的價值，整個賽事相當圓滿成功，所締造的創舉，也成了日後主辦縣市相繼仿效的目標之一。雖已時隔十多年，至今想起「97全中運勁颻在南投」，依舊讓人熱血沸騰，昨日種種歷歷在目。

第三支大功則是帶領國立公共資訊圖書館團隊，勇奪素有公務機關奧斯卡美譽的行政院「政府服務獎」，是為民服務最高的榮譽指

標，是以科技創新展現服務量能的高度評價，對機關而言更是莫大的鼓舞與肯定。

　　3 支大功對我而言是美麗的負擔，感覺公務生涯更加任重道遠了，近 30 年的職場奮鬥史，在每個階段留下完美的註記，是對自我及工作夥伴，所展現的信任與負責。提升同仁的成就感與幸福感，一直是我身為領導者努力的目標，一如書中提及的「帶人，要帶心」，同仁有心，工作就會順心，創造職場動能，需要更高的智慧、更強的正向影響力。

滿貫全壘打

　　企業家想辦法掘「金」，政府機關則是想方設法掘「新」。公部門勇於突破框架，源自於科技改變了政府與民眾的互動模式，民意有了更高的期待，而墨守成規已不能滿足現況、回應新的挑戰。受限於體制法規，公部門談革新並不容易，站在第一線的同仁，往往最能了解民意所趨，因此，我常鼓勵同仁提出有感的好點子，用新思維，不斷創造第一次，而我也時刻思索著，如何讓有限的資源，產出更高效的價值，以提升機關形象與作為。新書牆、異業結盟的閱讀角空間美化、不迷路方案（設置指引路標）、引進多功能機器人與「館長書房菜」（YouTube 知識宅急便）等等，都是我到任國資圖館長後，所提出的創新作為，以服務為導向，在讀者的關注下，發揮關鍵性的影響力，命中紅心，引領同仁準備擊出「滿貫全壘打」，就像第一次受邀為職棒中信兄弟隊開球的那一晚，站上投手丘，難掩緊張與興奮，希望投出一顆既暖又新、叫好又叫座的變化球。

從 A 到 A+

　　朋友告訴我，我像極了《從 A 到 A+》一書中，所描述的「第五級領導人」，這類型的領導人通常具有「謙沖爲懷的個性」與「專業堅持的意志力」，並且專注在追求公司未來利益的極大化，而不是自己的利益或權力的極大化……我淡淡地會心一笑。而我感興趣的是書名《從 A 到 A+》，期望在我領導下的機關，都能像書名般，從字面上看，雖然只晉升一等級，但這一步意味著走向顚峰與突破的艱難，如同作者吉姆‧柯林斯（Jim Collins）提及：「從優秀到卓越的蛻變過程絕不是一蹴可幾的。卓越的公司不是靠一次決定性的行動、一個卓越的計畫、一個殺手級創新構想、一次好運氣，或靈光一閃而造就。轉變的過程好像無休止地推著巨輪，朝一個方向前進，輪子不停轉動，累積的動能愈來愈大，終於在轉折點有所突破，一躍而過。」躍過的同時，如何站穩腳步，如何走向下一步，將是更加嚴峻的挑戰。

99℃的熱情

　　在開水沸騰，泡上一壺好茶前，必須慢慢累積燃燒的熱力，之後，才能好好啜飲一口富有層次、韻味香醇的好茶。做事也像品茗一般，蓄積個人能量，才能成就豐美成果。國際保育專家珍‧古德（Jane Goodall）博士曾說：「永遠不要放棄心裡最初的熱情。」這句箴言時刻提醒著我，對生命有熱度，才能成爲主宰自己的主人，才能擁有正能量，去影響更多的人。保持 99℃ 的熱情，加上傾注 1℃ 的祕訣能量，就能找到決勝關鍵的沸騰點。

本書集結了我踏入職場多年的心得，從創新、領導、溝通、資源 4 大面向，做有系統且飽含邏輯的介紹，希望能帶給有志一同的朋友們些許啓發。2005 年賈伯斯在史丹佛大學畢業典禮中期勉聽衆：「你一定要找到熱情所在，不要勉強遷就。」若說職涯是行駛中的列車，熱情就成了驅動前進最大的動力，你有多少資本、多少實力，列車將帶你駛向心中理想的目標。尋找個人價值，透過實踐追求卓越人生，不要成爲空轉的陀螺，在風險中畏縮。用熱情點燃希望，用「創新、創意、創見」爲您的職場創造無限可能，當追隨工作的熱情，成爲自然而然的習慣，當卓越成了職場的最佳註腳，相信「下一站，幸福」絕不是夢想。

國立公共資訊圖書館館長

劉仲成 謹識

2020 年 4 月

目錄

創新
思維

奇特吸引子：尋找解決事情的關鍵

　　每個人每天在工作、生活和家庭當中，可能都會經常不斷地做各種大大小小的決定，有時對一般性的決定可能會憑感覺、憑經驗去做判斷，或許這也算是一種「自我感覺良好」的選擇。其實，人的直覺反應，或一般所稱的「第六感」，有時是很重要的，比如今天要出門前眼皮一直在跳，通常就會自我意識到是不是有什麼事會發生呢？就會讓人自我提醒，今天出門開車要特別小心，做事要更留意。

■ 非線性思維

　　事實上這並沒有對與錯，因為沒有人會想做自己直覺或潛意識裡就不太認同的事。只是依直覺判斷做事須考量到這個人的經驗與歷練是否夠豐富，通常視野愈高、跨域愈廣的人物，對事情判斷的正確度相對愈精準。在職場或生活當中，有些事件的形成或發展脈絡，可能是不太符合邏輯，或屬非線性關係的，因此對問題的解決或因應之道，就必須要找到影響這些事件的奇特處或關鍵點。若想要更進一

步探究上述這些非邏輯、非線性事件錯綜複雜的連動關係，以下有 3 個理論可以分享給大家了解。

一、莫非定律（Murphy's Law）

莫非定律告訴我們，只要你直覺認為會發生的事情，就有可能會發生。當我們有意識到某些隱憂或嗅查到某些危機的當下，就必須要保持高度的警覺性，認真的思考後續作為是否須做調整。

二、混沌理論（Chaos Theory）

混沌理論有句名言：「巴西的蝴蝶展翅，德州就會颳起颶風。」事實上巴西、德州這 2 個地點相距非常遙遠，不可能因為一隻蝴蝶的展翅而引起一場颶風，但看似完全不相關的 2 件事情，卻會因**奇特吸引子**（Strange Attractor）的存在，而彼此牽引在一起，這當中不是直接或間接的關係，而是**非線性關係**的存在。這告訴我們，不要輕忽任何細微末節的重要性，因為一些細節若沒處理好，就有可能會導致不可預測的後果或未來，所以「細節可以決定成敗」，我們要更審慎小心地去處理每一個環節。

三、破窗理論（Broken Windows Theory）

破窗理論有一個很重要的說法就是：「邪惡會導致另一個邪惡。」我們試想在一個非常乾淨的公園，當人們到這樣的環境休閒散步時，手上若有垃圾就不會想隨地亂丟，可是我們卻常常發現，當一個垃圾桶滿了，旁邊也掉出一些垃圾，不一會兒那個地方就會滿地都

是垃圾。再舉一個例子，早期國中、高中畢業典禮後，發生過個案學生認爲自己在學校曾受到不合理的管教，而故意拿石頭丟玻璃窗發洩，一個玻璃窗破了，就會發現好幾片玻璃都陸續被人打破了。人與環境之間是互相影響的，一個滿出來的垃圾桶，會引發更多人在附近丟更多的垃圾；一個破掉的玻璃窗，會導致更多人破壞更多的玻璃，這就是「邪惡會導致另一個邪惡。」

■ 提升做決定的精準性

過去我在擔任司長時，經常對學務及校安同仁分享上述 3 個理論，提醒他們在處理危機及偶發狀況時，需要迅速、立即的因應，不然延誤了處理的黃金期，日後要花更多的時間和心力來解決。因此，希望大家平日就要有高度的靈敏度、警覺心及危機意識，同時尋找影響事件形成及發展脈絡的奇特性，亦即解決事情的關鍵點，對認爲有隱憂的事物都要即刻因應，不可輕忽，否則有可能導致如滾雪球般不可收拾的後果。

爲提升對事情判斷的精準性及決策的客觀性，以下幾點淺見提供參考：

一、提升眼界、跨界

我們平常應廣泛學習來提升自己的眼界和跨界，眼界能讓我們看事情的視野更高、更深，跨界則是跨領域學習更多、更廣的知識，不斷豐富我們的人生厚度，奠基我們對事情做判斷及決定能夠更爲精準

與客觀。

二、創造善的循環

邪惡會導致另一個邪惡，相反的，每個人若心存善念，持續滾動著善，將形成一股「善的循環」。人在生活環境當中的磁場，會彼此相互影響、感染，甚至感動，所以我們必須要透過正能量，以善為出發點，形成一個「你幫我、我幫你」的善的循環共振，臺灣的社會才會有一股正向引導的力量。

三、尋找奇特吸引子

我們在環境當中必須找到事物的共同處、差異處，以及特殊處，也就是所謂的「奇特吸引子」，自然就會尋得處理事情的邏輯和解決方案。尤其對於愈繁雜的事物，我們更須尋找存在其中的「奇特吸引子」，釐清事情的脈絡，去思考、評估、判斷，並做決定。

創新、創意、創見

「創新經營」對於企業來說，不僅可以提高競爭力，更是致勝的關鍵，是指組織管理者藉由創意環境的建置、成員參與的對話，引發組織成員進行知識或資訊的創新、技術更新、產品轉化的過程，並針對未來組織可能面臨的問題，激發組織成員願意突破現狀，願意接受挑戰的能力，並透過一套適切而新穎的文化形塑，以新思維、新方法，追求組織得以永續的經營發展。

■ 創新經營 3 大關鍵

談「創新經營」，我覺得有 3 個很重要的觀點，分別是獨一無二的「創見」、融入巧思的「創意」、活化精進的「創新」。

一、創見，是指獨一無二

「創見」，代表的意義就是「獨一無二」。舉例來說，以前我在南投縣擔任教育處處長時，推動了全臺首創的「砂石變營養午餐」。

在過去，縣政府疏濬所開採的砂石變賣所得，都是上繳到中央，2009 年起政策轉變，部分所得可回饋供地方自行運用，地方政府因此多了一項財源。這些財源在討論分配運用時，我想到過去曾經討論過的「砂石轉變為學童免費營養午餐」議題，正好可以落實，因此大力向當時的縣長爭取在教育部門優先使用，又這項政策並不是從教育預算去勻支，而是一筆外加的財源，因此大家自然是樂見其成，很快就達成共識。

南投縣的「砂石變營養午餐」，成為全國第一個實施免費午餐政策的縣市，是「首創、唯一、第一」，這樣的概念，就是所謂的「獨一無二」的「創見」。像這樣有感、利民的施政，到現在都還在持續推動，可見對地方的影響很大。

二、創意，是指融入巧思

「創意」，代表的意義，就是「融入巧思」。比如我擔任教育處長時，經常參加學校的運動會，看到開幕典禮時貴賓都是坐在臺上，小朋友則以班級為單位陸續進場，到司令臺前會喊口令，整齊劃一的向貴賓致敬，通過司令臺後回到操場中間觀禮。但有的學校就不會這麼制式、傳統，會以環保或其他主題，以班級為單位，進行創意化妝進場比賽。

這種將進場轉變為一個創意表演的舞臺，既可以推動環境教育，又可以讓孩子盡情發揮想像力，就是在原有的基礎上，融入一些巧思，發揮更大的創意，展現更佳的效果，這就是一種「融入巧思」的「創意」展現。

三、創新，是指活化精進

「創新」，代表的意義就是「活化精進」。其意義可能是來自於「創見」或「創意」的概念，也可能是「創意」加上「創見」的概念。以產品來說，是將產品注入新的 idea，經過盤點、整合、重新解構之後，建構出一套新的模式，發展出一個有別於以往的新產品。

舉例來說，一般所稱的鐵人 3 項，是游泳、跑步、自行車，於一天之內完成，看誰加總的成績最好。我當南投縣教育處長時，發明了「國際超級鐵人 3 項」，是一個全新模式的國際級運動賽會。第 1 項游泳，就是結合南投長期在日月潭辦理的萬人泳渡活動，地點從朝霧碼頭，到對岸的伊達邵碼頭，1 趟 1,500 公尺，來回 3 公里；第 2 項馬拉松，利用日月潭得天獨厚的地理景觀優勢，進行環湖馬拉松一圈 42 公里，讓參賽者得以徜徉在大自然的美麗景緻下，享受跑步；第 3 項自行車，從埔里的地理中心碑到武嶺，進行 55 公里的自行車比賽。里程數加起來正好 100 公里，並從招商獎金爭取提撥 100 萬做為得獎獎金。

「國際超級鐵人 3 項」，將傳統的鐵人 3 項，成功結合南投的地理環境、天然資源，以及南投長期辦理的萬人泳渡、馬拉松和自行車活動，經過整合後發展出一個新的活動模式，層級躍升為國際盃，成為絕響。這就是一種活化精進的過程，經過資源盤整、解構後，再重新建構，活化精進為一個新的模式，這就是「創新」。

■ 獨一無二、融入巧思、活化精進

　　我無意特別區隔「創新、創意、創見」這 3 個名詞，也並非要落入名詞解釋的窠臼，而是希望藉由這 3 個概念，掌握「獨一無二」、「融入巧思」、「活化精進」的重要意涵，以做為教育創新經營的過程中，提供給每一位領導者的思考模式，並更進一步帶領團隊共同發想，提出類似的精進作為。

成名、成功、成就

「政府的力量有限，但民間的力量無窮。」每逢天災地變時，我們就會發現，民間團體總是比政府先到達需要的現場，這些民間團體，就像是一群默默付出的志工，在社會上形成一股隱形，但強大的力量，就像是一雙隱形的翅膀，為臺灣撐起一片天。

■ 期許未來是一個志工的時代

在我公務生涯的每一個階段，因工作的關係，經常接觸許多志工，有說故事、導護、春暉、環保、學校、圖書館等志工，我發現這些志工，有些在社會上是默默無聞的，有些已有一定的名望，但是當社會上或教育現場有需要的時候，他們就會出現，不論身分、不分彼此，同心協力扮演無名英雄的角色，就像是強心針一樣，為社會注入一股很大的能量，做為支持社會的穩定力量。

我一直認為，社會的演進，從過去的農業社會到工業社會，再走向現在的資訊社會；學習型態也隨之轉變，從「活到老，學到老」到

「終身學習」的時代，再轉變為「知識型」的經濟時代，現在則進入
「自媒體」時代。我更希望，未來是一個「志工」的時代，人人願意
擔任志工，因為，志工是推動國家進步的原動力，是讓國家不斷向上
提升的重要關鍵。試想，人人都有志工之心，這個社會就會是一個友
善的互助型社會，這不就是我們理想中的幸福社會嗎？

■ 志工的成就感

對於這些志工，我總是充滿敬意、感恩和感謝的。不論他們的身
分是什麼，在投入的當下，儼然就是一個小人物，但所扮演的，卻是
螺絲釘的重要角色，缺一不可。每一個志工所做的事情，或許在外
人看來，可能只是一件小事，可是在他們的內心，卻是一件很有成就
感，很有意義的重要工作。因此，從這些志工的精神，我就想到「成
名、成功、成就」的 3 個概念，可以讓大家在工作上、生活中，提
供一些啟發和省思。

一、成名

成名，是很有名聲、名氣，為眾人所熟知，尤其透過網際網路的
力量，每個人都可以在瞬間聲名大噪，讓大家都認識，創造無限的可
能性。因此，成名幾乎是每個人都可以做得到的，尤其現在是自媒體
的時代，每個人只要透過 3C 載具，都可以隨時自編、自導、自演、
自 Po，將文字、圖片很快編輯成一件作品，無遠弗屆地傳達到世界
的每一個角落，如同安迪・沃荷（Andy Warhol）所說：「在未來，

每個人都能成名 15 分鐘。」然而,「成名」是瞬間的,可能帶來個人一時的名利或好處,但並不一定能對他人或社會有所助益。

二、成功

　　成功,是投資自己,為自己增加價值、為自己增能。成功的人,是在自己的崗位上,努力工作,貢獻所學,將工作所遇到的瓶頸與困難,當做是人生的挑戰與磨練,讓自己能夠有所精進、提升,自我成長,增加自己在社會上的存在價值。

三、成就

　　成就,是願意投資他人,為他人增加價值、為他人增能。亦即,在自己成功的歷程中,創造更多的價值。有成就的人,是將工作和生活,當做是必須經過長期努力,而達成的一種「夢想」和「使命」。因此,他總是能夠不斷湧現出內在的熱情,進而「成就」他人,為社會帶來正向影響力,貢獻更大的能量,這就是可以提升社會的一股無形且重要的力量。

■ 你如何看待工作:勞動、挑戰,還是使命?

　　有一則「哲學家三問」的小故事,述說著在中世紀的某個歐洲小鎮,有一位哲學家到一個建築工地,問 3 個正在忙於建築工事的工人說:「你在做什麼?」3 個工人分別如此回答:

　　第一個工人說：「我在砌磚，混一口飯吃罷了。」

　　第二個工人說：「我在砌牆，磨練我的手藝罷了。」

　　第三個工人開朗地抬起頭來說：「我在建造本鎮將流傳後世的大教堂啊！」

　　這是一個很經典的寓言，藉由「3 個砌磚工人」告訴我們，即使表面上做著相同的工作，但每個人內心的想法，卻可能是天差地別的。

一、勞動

　　第一個「砌磚」工人，日復一日做著機械性的重複工作，對他而言，工作是一種短期的「勞動」，只是做為餬口的工具。

二、挑戰

　　第二個「砌牆」工人，將單調重複的工作，當做磨練手藝，他將工作視為一種有階段性的「挑戰」。

三、使命

　　第三個「蓋教堂」工人，即使外人可能覺得他所做的只是毫無意義的工作，但在他的內心，卻是充滿熱情、滿懷自信，抱持著夢想，為了建造大教堂、為了這個小鎮的偉大目標而努力，他是將工作視為一種責任、志業，是一種長期性的「使命」。

■ 心對了，觀念就對了

這個故事告訴我們，不管你的工作是什麼，不論你職位的高低，職業是無分貴賤的，重要的是你的「態度」。工作的意義或價值，是有不同層次的，重點是你心裡的認知，你是在砌磚？砌牆？還是在蓋教堂呢？你的價值觀要正確，心對了，觀念就對了，生命的豐富度自然就會提升。

成名、成功、成就，也是有層次上的差異，每個人其實都有自己的價值觀，什麼叫做「成功」，什麼是有「成就」，無須落入名詞解釋的窠臼，而是要靠自己去思考，去下定義的。我們每一個人都應該要重視、肯定自己存在的價值與選擇，同時也要尊重、理解他人存在的價值與選擇。

因此，希望大家不要僅止於「成名」，至少要達到「成功」，累積小成功，成就大未來，讓人生能有所「成就」。事實上，在人生旅程當中，不管扮演什麼角色，如果能夠多一些社會責任與回饋，你事業上的「成功」，就會是你人生的「成就」，相對的，就會帶來社會名望。

發展學校特色

教育工作千頭萬緒，隨著教育改革的實施，在校務領導上必須因應調整。教育的目的在培養德、智、體、群、美五育均衡發展的健全國民，進一步來說，教育在於學生美善人格的形塑，以及學生未來適應社會的能力的培養。以下是近年來我對學校經營特色的一些想法，提供大家參考：

一、教師專業三合一

專業爲核心，結合科技、創意與人文，以提升教學效能，打造教育的巔峰。以專業爲出發點，妥善運用多媒體教學設備，將資訊科技融入教學，並發揮創意、創新教學，能夠創新的人，才能在競爭中獲勝，而教育是教「人」的事業，專業更應該具備人文素養，回歸到人性的關懷。

二、學校經營三權平衡

「學生第一，教師優先，家長至上」，學校經營必須要顧及學生學習權、家長教育選擇權，以及教師專業自主權這三權的發展與平衡關係。學生是教育的主體，學生學習權當然要受到保障；教師具有教學專業，我們也應尊重其專業自主權；而教育市場化之後，家長教育選擇權更不容忽視。

三、幫助學生找到學習的驕傲

學習是學生最重要的任務，而幫助學生快樂學習則是教師的責任。要如何讓學生快樂學習？就是要幫助學生「找到學習的驕傲」，不是每一位學生都能獲得學業上的成就感，教師要盡力去發掘學生的潛能，讓學生至少可以在一項學習上獲得成就感，找到他學習上的驕傲之處。

四、發展學校優質特性

現代的學校經營者要採取主動積極的態度，要能在競爭激烈的環境中尋求突破，找出學校的特色，塑造自己的競爭優勢。學校的優勢在於 something special, something different and something new，也就是要找出學校特殊之處、與別人不同的地方，以及有創新的作為。

五、學生主體性，以學生學習為優先考量

學生才是教學的主體，一切的教育活動應以學生學習為優先考量，創新經營或創意教學無非也是在提升學生學習，但都應該落實到學生學習層面，以學生為主要考量。

六、尋求外部資源，發揮 1 加 1 大於 2 的效果

小型學校在推動各項學校活動或發展學校特色時，人力資源會是一個困難點。為了解決這種窘境，學校可以引進外部資源，像是結合社區資源，或與其他學校採取策略聯盟或區域發展的策略，彼此支援，創造 1 加 1 大於 2 的效果。

七、永續推動，建立傳承機制

每一項學校政策的推動，最怕人亡政息。所以學校的經營與管理，不能因為校長或教師離開而終止，因此要建立良好的傳承機制、人才培育或知識管理系統，讓好的學校特色可以永續推動下去。

教育要成功，最重要的是人的「心」要正，人的「觀念」要改變，我常說：「心對，觀念就對，事情也就對了。」因為有怎樣的心，就會有怎樣的觀念，以致有怎樣的價值、態度、高度、格局及最後的結局。我們常說，成功的人找方法，失敗的人找藉口，成功與失敗往往就在每一個轉折點拉開距離。所以，學校要推動「心教育」，要有與時俱進與持續改善的觀念，給孩子源源不絕的正能量，激發孩子多元智能，以成就每一個孩子，給孩子們一個美好的未來。

教育市場化

　　進入知識經濟時代，人才被公認是決定一國或一機構競爭力之最重要因素。教育市場化也是以此爲出發點，「人」才是市場化中最珍貴的資產，也是最具競爭力的優勢。學校的經營策略必須因應潮流而做調適，教育市場化並不可怕，它不是一味地將所有資源投入虛妄的未來，而是更腳踏實地的經營學校社區，對於社區的人事物更多一份關懷，並且以寬闊視野廣納多元觀點，培養學生與帶動社區成爲地球公民的一分子。那麼，教育市場化的趨勢下，學校在經營上該如何因應呢？我提出幾點策略供各位教育夥伴參考：

一、朝本位管理模式發展

　　教育市場化下，許多以往屬於上級權限的事務，現在有些都下放給學校，包括教師聘任、教科書選用等。擁有這些權力相對地也必須負有責任，每一個學校是個別的供應者，也就是一個獨立的企業體，必須朝向本位的管理模式來經營學校，研擬具本位特色的發展計畫、管理方針等。

二、績效責任的落實

　　教育市場化強調績效責任，為了避免淪為市場競爭中的輸家而遭到淘汰，必須在經營上落實績效責任，做好專業分工與分層負責，每一成員都能依專長分工，並扮演好自己的職務角色，克盡職責，同時落實績效責任，並不斷尋求提升與改善品質。

三、創價與行銷的注重

　　為了在市場中有好的市場價值，爭取消費者的購買是必要的，每一位成員不僅要懂得行銷，更要能創造附加價值。通常熱門的學校具有下列特質：學校位置佳、聲譽好，以及在許多比賽測驗中的好名次。因此，為了提高學校的聲譽並獲得好評，應該根據消費者所關心的及需要的，結合學校的特色與發展重點，找到學校創價的元素，進行學校形象包裝與行銷。

四、社區夥伴關係的建立

　　教育市場化下，不僅家長是學校的一分子，整個社區都是學校的共同體。學校應該與社區及家長融合，讓學校獲得更多的支持與資源，了解社區、家長與學生的真正需求，並加以回應，才能在競爭中獲得勝利。

五、教育高效率化的強調

　　公共教育資源日益減少，市場化下競爭對象增多，要獲得補助資源更加困難，因此，學校經營必須朝向高效率化的教育經營才能生存。所謂「高效率化教育」，就是以最少的成本支出，達到最高品質的教育水準。最少的成本支出，一方面指「物」，另一方面則指「人」，物的方面，現在科技日新月異，學校可以多利用科技輔助產品，來提高學校事務管理的效率或改善教學效果；人的部分就是人力資源的發展，鼓勵教師發展專業知能與技巧，以提高教師效能。

　　「人」是組織最重要的資產，而領導者是組織的靈魂人物，就像許多企業轉型成功的案例，充滿挑戰、積極、野心、熱忱、堅定、執行力的領導人，通常扮演了最主要的關鍵角色。而教育市場化中，學校校長應該要具備成功企業領導人的特質，在激烈競爭下尋求突破，找出學校的特色及有創新的作為，塑造自己的競爭優勢。成功的領導者不一定會做事，但一定「懂人」，懂得適時給予成員打氣，凝聚成員的向心力，並激勵成員間通力合作，發揮生命共同體的力量。

資源有限、創意無限

　　教育單位的經費和人力普遍都不足，是長期以來的沉痾，在面對資源有限，又必須有效推動業務的兩難情況下，如何整合及開創各種資源，變成是一個非常重要的課題。在這個過程當中，若能透過各種結盟合作，不只能讓組織的資源得到挹注，更能得到意想不到的效果，甚至讓一個組織的能量極大化，進而提升效率。所以我常說，**「資源有限、創意無限」**，就是這個意思。

■ 成立提點子參與平台

　　在我初任館長時，因知公部門的資源一向都不足，但是如果能夠透過創新，就能讓組織產生加乘的效果，因此思考成立一個跨科室的「創新服務特色點子小組」，做為創意研發的基地與平台。我於點子小組成立之初，特別提出幾個運作過程的思考：

一、**組成成員**：由各單位推薦年輕有創意的成員加入，而不是由主管參與。

二、**運作平台**：由簡任研究員負責運作，館長、副館長原則上不參與直接討論，讓成員可以暢所欲言。

三、**運作方式**：由下而上的運作方式，屬自發性的發想和思考。

四、**討論內容**：鼓勵自由發想，所提出的點子無對與錯，小組的成立純粹是做為特色點子的腦力激盪平台，重點在於引出更多的想法，才會有意想不到的獨特提案。

「點子小組」是一個可供成員自由揮灑的創新平台，透過每季一次的點子小組會議，進行創新提案之交流與討論，做為後續辦理相關活動之參考，以進行資源整合，並開拓各項創意資源的可能性。

■ 發想、評估、執行三部曲

成員任何的創意發想都值得肯定和鼓勵，我經常以「**勇敢大膽去發想，審慎仔細做評估，用心用力（用情）來執行**」互相勉勵，鼓勵成員要勇敢發想、蒐集創意點子，提報點子小組討論，對可行的方案可立即採納，或列入點子資料庫做為日後的參考，不可行者待時機成熟時，再適時地提出來討論。透過這樣的機制，可以讓大家針對組織願景、目標或發展方向，不斷的腦力激盪，讓員工的思考活化，更激勵員工願意為組織去付出。

■ Old & Copy：創意轉化成資源的通關密碼

舊物重新包裝行銷，以及透過模仿來改編創新，是我們在現在的市場上很常見的 2 項創新模式，以下藉由案例做進一步的說明：

一、Old is New：舊東西、新感動，重新包裝打造新價值

所謂「Old is New」，舊的也可以是新的，就像市面上會有很多懷舊、復古風的新產品，也可以創造出很夯的流行，就看你如何去包裝、如何去詮釋。很多東西都是原汁原味、道地的商品，可以藉此喚起民眾記憶、打動人心，若懂得重新包裝、重新詮釋，透過新媒體或新作法打造新品牌，賦予舊物新的意義和價值，將會達到意想不到的效果。

二、模仿，就是一種創新：從成功案例中改編，帶出屬於自身的特色

模仿，是一種創新，也是最立即的創新，換句話說，從別人的成功經驗中複製，以自身特性重新改編，就可以創造更多的附加價值。

以之前某公立圖書館「每月好書」閱讀心得徵文活動為例，該活動獲媒體大幅報導，其實這在很多圖書館裡是經常採用的推廣活動，例如透過相關刊物及社群網站來推薦「每月好書」。但透過新的首長上任擔任代言人，以記者會直播方式重新推薦好書，又加上徵文獎金的新作法，成功引起更多民眾前來參加的興趣。點子雖然不是新的，但透過新的人、事、物重新包裝與詮釋，就會創造不同的全新效果，所以獲得媒體大幅報導。

　　各個組織，包含學校或各個機關，當你想成立類似「提點子參與平台」時，即要有上述「Old & Copy」的思維，否則在運作過程中，一味的要提出全新的方案，成效會大打折扣，無法發揮預期的效果。

■ 創意，讓資源極大化

一、Action—— 要有具體行動策略

　　創新的思維不能僅停留在一個動人的口號，領導者必須要有明確的目標及行動方向。因此，「**書出去、人進來、幸福跟著來**」，必須要有相對應的作法及策略，例如，**書出去**，為加強圖書的流通，必須強化推廣行銷，提供精選好書，並簡化各項行政流程；**人進來**，必須對圖書館空間進行優化，增加各式誘因，讓民眾做多元的活動體驗；**幸福跟著來**，則須完善各類軟硬體設施，因應時勢發展智慧科技，並將生活美學落實在閱讀環境中，做空間的美化。

二、Integration—— 資源整合比開創重要

　　「**傳承、整合、開創**」為經營管理的 3 個核心理念，以 80/20 法則來看，可以傳承 80%、整合 10%、開創 10% 的比例原則來分配，舊有資源的傳承與整合就占了 90%。因此，資源的整合比開創更為重要，應將大部分能量放在資源的傳承與整合，同時也須重視更進一步的精進與開創，將現有資源加值化、極大化。

三、Pragmatic —— 教育首重務實，不能只有口號

　　我常想，路就在嘴巴，資源也是在嘴巴。問，就找得到路，其實學校資源的取得也是，必須主動對外爭取。我們應以績效去爭取資源，而非以口號去誘取資源；只有形式化或空洞的口號，也不會有資源。因為，不會有天上掉下來的禮物，惟前提是，必須要有好的教育特色和成效，資源擁有者才可能提供贊助。

　　十年樹木、百年樹人，教育是一項良心的工作，教育必須提供豐富的內容，給孩子適性的教育。因此，我們固然重視教育的行銷，強調打造學校的品牌，惟教育不能市場化，教育不等同於商品，不能只一味追求華麗的口號，還是須務實以對，用具體的行動，針對孩子的需求提供其更多的學習機會。

生活簡單，就是享受

最近看到網路文章有關「一切從簡」的生活堅持，提及成功者都會將精力集中在值得做的事，他們會儘量避免將時間消耗在雜務上，包括一些看似簡單的事情，例如決定穿什麼款式的衣服，省去選擇的時間，省下的時間可以做更多想做的事，成就更重要的人生目標。

一切從簡，把大腦留給重要決策

我在一本新書《一流的人如何保持巔峰》裡讀到，「做決策很耗腦力」，書中舉出臉書的創辦人兼執行長祖克柏為例，祖克柏幾乎都是穿同樣的衣服：藍色牛仔褲、灰色 T 恤和連帽衫，有人公開提問，「為什麼你天天穿同樣的 T 恤？」他回答，「我真的希望好好打理我的生活，除了盡力服務這個社群以外，我想盡可能減少日常決策。」他澄清他有「多件相同的 T 恤」，接著又解釋，「挑選穿著之類的日常小決策加總起來會很累人，我現在有幸坐在這個位置上，每天醒來可以為超過 10 億人服務，而我要是把精力花在一些無聊或

27

瑣碎的日常事物上，就沒辦法善盡職責。」

我自己也體會到，長期做為一個機關首長，每天要面臨許多大大小小的決策，做決策眞的是很消耗腦力的一件事，如果把過多的時間花在生活瑣事的決策，我將無法把精力用在重要的決策上。所以，我的生活一直以來能從簡的就儘量從簡，以我的日常生活爲例，我在辦公室曾連續 3 個月都吃一樣菜色的便當，我的襯衫、西裝同一款式的就有 3 套，把西裝當做制服在穿，這樣的簡約模式，就是不想花腦力在每日的雜務上，把大腦留給眞正重要的事情。

我的人生觀很簡單，「生活簡單，就是最美好的享受。」

■ 面對瑣事，從斷捨離開始

「斷捨離」是這幾年很多人常常會聊起的話題，尤其在我們生活周遭，很多的物品到底要丟或不丟，要留或不留，往往讓我們非常傷腦筋，這個概念爲什麼重要，因為這是每個人都會面對到的問題。「斷捨離」其實就是要「**斷**絕不需要的東西、**捨**去多餘的廢物、脫**離**對物品的執著。」

不過我有時候會想，如果我們可以從源頭，也就是在購買行爲的一開始，就進行精挑細選的「精準購買」，買耐用、實用、合用的東西，就不會因爲衝動所買下的過多物品，而費盡心思強迫自己「斷捨離」。因此，下次面對生活瑣事，不要被牽絆住，記得從斷捨離開始，或直接從源頭把關，不只能避免陷入過度消費的惡性循環，還能讓我們的生活更簡單，做事更有規律，甚至不需要太多的空間進行收

納，真正過著「愛物惜物」的簡單生活。

其實，「斷捨離」可以廣泛應用在生活中的各種面向，運用「減法」哲學來處理自己與所面臨情境的抉擇關係。它的精神，就是要學會分辨「需要」與「想要」、「價格」與「價值」的不同，了解自己真正的需求，讓我們更能掌握生活，更有自信。最終你會發現，在我們的生活當中，多一事／物或少一事／物，都不會影響你身為一個人的價值。透過「斷捨離」的實踐，你可以活得更為自在，活出自己。

■ 簡單生活，創造自己的個人風格

「簡單」是生活最好的元素，「簡單」就是一種風格，凡事追求「簡單」，才能締造最大的成效。因此，我非常鼓勵身在職場的朋友們，儘量削減生活中無關緊要的事物，用心規劃怎麼運用你最寶貴的時間，思考該做什麼，更重要的或許是，不該做什麼，為你好的表現預做準備，設計出最適合你的日常習慣，讓自己隨時保持最佳的狀態，以發揮最大潛能，努力實踐你的人生目標或成果。穿著、飲食簡單，勇敢活出屬於自己的風格。

生活愈簡單，愈能達到人生的高峰。

精進帶來改變，改變才會進步

　　各行各業在面臨工業 4.0 時代的來臨，對未來的發展都倍感壓力和挑戰，因此，為求生存，都必須發展自己的藍海策略，找出自己的特色，引領風騷，以在競爭的社會當中，不被市場淘汰。我常常引用世界首富比爾‧蓋茲說過的一句話，「微軟距離失敗，永遠只差 2 年。」是非常值得大家深思的。換句話說，在競爭的市場中，如果微軟本身沒有創新突破，建立更好的品牌，2 年內就會被其他企業趕上，就不再是獨占鰲頭的企業了。

　　因此，「精進」是國家、社會和組織前進的原動力，組織若無精進，則可能停滯不前、無法與時俱進，甚至遭市場淘汰、被其他組織超越，導致成效不彰而被外界檢討。就學校而言也是如此，在少子化的競爭趨勢下，更必須要有自己的特色和品牌，才能贏得家長的信任。

■ 標竿學習促發靈感

組織要「精進」，很重要的一點就是要先觸發「靈感」，才有可能開始發想、規劃，帶動一系列的突破與變革。要取得靈感，最好的方式就是「大量閱讀」，以及「真實體驗」。

所謂「**大量閱讀**」指的就是，除了要多涉略專業領域內的知識外，也要做跨領域的廣泛閱讀，才能觸動更多的靈感；「**真實體驗**」指的則是，實際去參訪同業或異業，也可說是「觀摩學習」，但我覺得用「標竿學習」一詞更為貼切。為什麼呢？因為安排去體驗學習的對象，一定會選擇「得過獎、口碑好」的單位。得過獎的單位，通常都是由政府或民間，經過一個嚴謹的程序，層層把關所評選出來的；口碑好的，一定是各界肯定，經口耳相傳的優質單位，絕對值得大家去學習。所以，當我們去「標竿學習」時，要留意對方的優勢、特色和創新，了解何以能屢獲獎項與形象好的原因，透過實際的參訪及觀察，更深入地掌握有利資訊，這就是我們所要學習的地方。

所以，透過「標竿學習」絕對可以取得與自己不同的經驗，看到新奇之處，觀察對方的亮點如何優化、弱點如何強化、困難處如何尋求解決，了解得獎或口碑好的原因，以及是如何突破達成的，相信從中定可產生許多意想不到的靈感。

■ 靈感觸發精進

我擔任館長之初，幫館做定位，也提出「以閱讀提升幸福感」的願景。為實現這個願景，除了有「幸福閱讀」的發想，更要掌握精進的元素，持續不斷地創新、突破。「精進」代表幸福的歷程，它是一種動態的過程，也是有計畫性的目標。為進一步了解精進的歷程，以下舉出 2 項精進的例子，以做為說明：

一、三代機器人的進化

國資圖建立之初，最早即有一台運書機器人波比（第一代），是我們的鎮館之寶，很多民眾參觀時都指名要看這台機器人。我上任後，覺得館內的「真人說故事」很有溫度，很能帶領親子互動，但現在資訊科技發達，這個館又是「資訊」圖書館，必須突顯「數位」的特色，所以在兒童室新增一項更活潑、更多元、更吸睛的「AI 說故事」，與「真人說故事」同時為民眾進行服務，是故引進了第二代說故事機器人 NAO，說故事的同時可以手舞足蹈的 NAO，帶給民眾更多的驚喜。

又有感於現在民眾普遍使用 3C 產品，利用 Siri、翻譯 APP 等進行手機的數位互動，因此我們又進一步開發可讓民眾與機器人互動的第三代機器人，具說故事、學英語的陪伴型機器人「凱比」，以及具推薦好書、服務導覽的服務型機器人「酷比」。機器人服務已從第一代升級到第三代，即是一個有目標性、有動態的「精進」歷程。

二、四階段 LINE@ 推播服務

最近網紅竄升的火熱發展，已出乎我們的想像，儼然成為一種產業的常態，這種影響力連政治人物、政府部門也都積極效仿網紅行銷，來提升網路聲量及形象。

因此，我們也思考如何藉由這波浪潮的影響力，結合「館的元素」來進行推播服務，首次啟用 line@。第一階段先以 LINE@ 推出每週的活動訊息，接著推出第二階段「名人金句」、第三階段「每週一書」，接下來規劃第四階段「館長私（書）房菜：用知識來款待」好書推薦影片，已走向更精緻和豐富化的 LINE@ 推播服務，讓我們看到一個漸進性的「精進」具體歷程。

上述三代 AI 機器人的演進故事，以及四階段 LINE@ 推播服務的漸進歷程，都說明了這個圖書館不斷地在精進與突破，結合時代趨勢並轉化在地庶民的想法，持續推陳出新以服務民眾，目前已被評為民眾此生不得不去的景點之一。

■ 精進帶來改變

「精進」實為一個組織發展和進步的關鍵，因為精進會帶動轉型，進而帶來改變，惟蛻變的過程絕不是一蹴可幾的，如同上述實例的演進過程，是一種動態的歷程，必須有系統的循序漸進。因此，我認為，精進有 5 個關鍵：**漸進性、持續性、彈性、多元性，以及嘗試性**，任何組織精進的過程，都必須掌握這 5 個特性。如再進一步分析，組織精進的 4 個步驟如下：

一、先思考有多少資源，在既有基礎上發展。

二、再評估如何做，可先小規模試辦。

三、不合時宜者，進行微調或修正。

四、已完成階段性任務者，思考進階、轉型的可能性。

■ 改變才會進步

　　我們透過不斷的體驗、學習和觀察，將我思、我見、我聞所觸發的靈感和啓示，進一步思考如何發想成點子，產生價值。成熟的點子可即時施行，點子尚未成熟也可先留存參考，待未來適合時再利用。因此，我非常鼓勵大家適時地踏出去，多走多看，並且將好的想法帶回來，結合大量閱讀的刺激來取得靈感，將可對組織注入源源不絕的活水。

　　靈感，觸發精進；精進，帶來改變；改變，才會看得到進步，這也是組織歷經突變的一個過程。當我們在思考如何提升幸福感時，請大家將精進的靈感，適時地融入在每日的工作當中去實踐，未來一定看得見進步。

用新思維，不斷創造第一次

我擔任館長以來，持續多年與中國信託、中信兄弟棒球隊合作，共同推動「閱讀」與「棒球」結合的「閱讀全壘打」活動。這個活動是源自於美國職棒大聯盟亞特蘭大勇士隊，與美國喬治亞公共圖書館推出的「全壘打讀者」（Home Run Readers）活動，我們將「閱讀」的元素融入，以鼓勵借書換取門票的方式，提高孩子的閱讀動力，同時串聯了各縣市圖書館一起來推動。我們在全臺 544 所公共圖書館當中，第一次辦理了這項活動，為全國首創。

■ 跳脫框架，走出每一個第一次

因為與兄弟棒球隊合作關係良好，每年透過借書換門票的活動，可換取高達一萬多張門票的成效，也取得了他們的信任與肯定，發現原來圖書館能夠產生這麼大的能量，認為我們是合作上的「好咖」，所以在 2019 年 5 月特別邀請我到洲際棒球場為棒球比賽開球。那一晚，我站在投手丘上，內心難掩緊張與興奮，希望能夠投出一顆叫好

又叫座的變化球，為我們圖書館再度締造新的第一次。

從這樣的第一次經驗當中，我就在思考，該如何不斷的「創造第一次」呢？其實創造第一次不必然一定是全新的概念，也可能是在既有業務上不斷精進、突破創新，尋求每一個新的可能性，並在「每一次的第一次」就把事情做對、做好，才能為組織的未來帶來更多的能量。

其實，組織文化通常都是抗拒變革的，成員都不喜歡改變，但是如果能夠勇敢地跳脫框架、克服困難，運用類似「閱讀全壘打」創新的思維，融合現有元素，試圖去創造第一次，只要獲得良好的迴響，相信之後就能不斷的創造更多「不一樣的第一次」。

▋ 運用新思維，改變及進步看得到

通常我們在思考或做事的時候，久了就會陷入一種固定的模式，而形成了慣例、傳統、習慣與成規，這些都是新思維的枷鎖，會讓我們忽略了其實還有更多的可能性，而較不願跳脫框架，思考尋求不一樣的作法。換句話說，一般成員通常都會抱持著這樣的心態，「以前都這樣做，也都沒出問題，為什麼現在要改那樣做呢？」

如果一個組織的成員都這麼認為，領導者也都跟著這樣思考，這個組織就不會進步。組織中如果能夠有人願意出來「唱反調」，會經常提出「為什麼」，試著挑戰那些既有的慣例，放開一切束縛，移除思考的障礙，打破固有的假設與思維，重新框架問題，思考與眾不同的答案（Something Special），或許當下真的就突然多出許多嶄新的

可能性。

當你試著注入新思維時，誰知道未來會發生什麼神奇的改變呢？因此，組織在解決問題時，要先拋開「通常以前怎麼做，這次也這麼做」那種先入為主的思維，重新解構及建構新的問題解決模式，尋找新的利基，創造新的亮點。所以，採用新思維，創造與過去不一樣的作為，持續不斷的推動每一個第一次，改變的力量就會產生，組織的進步就會看得見。

■ 策略性新思維

當組織在進行計畫、方案或活動的規劃時，成員須具備「**策略性新思維**」，這種思維所指的就是，必須要考慮**系統性、目標性、永續性、價值性**等，才能做長遠的規劃，這個活動或方案，才能永續發展、歷久彌新的推動下去。同時，只要辦理多年，就可以將當年度和上一年度的同期成果相互比較，透過分析相同、相異點，找到可精進突破之處，長期發展下來，就會變成一個具有歷史性意義的活動。

因此，我在做任何政策思考時，都會考量到不要只做一次性的、辦完就結束的活動，而是希望做持續性、長久性的規劃。如同我推動「送書到民間」閱讀推廣政策，當 2017 年辦理「送書到監獄」活動之後，並沒有就此打住，而是接著思考 2018 年「送書到企業」、2019 年「送書到社福」，2020 年則更進一步規劃「送書到醫院」。這項政策的意義，除了可以透過閱讀的策略將圖書館館藏進行活化利用之外，同時還可以每一年針對不同對象的需要，從親子關懷、企

業響應、關照弱勢等角度切入，竭盡所能，做到當民眾有閱讀的需要時，就會有閱讀的存在，只要社會有需要關懷的角落，我們就會在他們的身邊。

■ 新思維，讓角色極大化

　　組織的存在是爲了服務，有好的服務，組織的價值才能彰顯。組織應重新定義自己，讓角色極大化，找到存在的價值，善盡社會責任。是故，組織應運用策略性新思維，提出更多有感的服務，創造不一樣的第一次，開創附加價值，做一些過去沒做過，但卻很有意義的事，深信必能在競爭的市場上不斷地保持新穎及奇特，引發民眾的支持，並創造組織生存的利基。

留住舊夥伴，開創新人口

　　現在是一個智慧科技化、社會少子化的年代，各行各業都受到相當大的衝擊，全球化競爭的趨勢已成定局，組織如何在這樣競爭的環境當中，提出藍海策略，與世界接軌，成為最大的贏家，是目前最重要的課題。就教育發展而言，這幾年臺灣的生育率降低，少子化的社會結構，導致學生及班級人數大幅減少，部分學校面臨了併校或廢校的危機，在這樣的情況下，各校皆應尋求因應的方法，改變學校的經營策略，來減緩少子化的衝擊，化危機為轉機。

■ 信任、亮點——組織永續經營的利基

　　少子化的現象，對任何一個組織都是有影響的，組織若想要擴大服務對象，就必須「留住舊夥伴、開創新人口」。如同我當館長時，就常強調「有感服務」的重要性，經常帶領同仁共同創意發想，開創新亮點，以建立民眾對館的信任感，進而影響讀者願意主動為館行銷、幫館美言，更進而拉進親友成為圖書館的常客，並持續吸引新讀

者，形成一種正向的循環。

因此，建立信任感和開創新亮點，實爲一個組織永續經營的不二法則。我將進一步的實際作爲整理歸類，供大家參考：

一、建立信任感

一個組織要如何讓它的顧客產生信任感呢？我認爲應該要有：**「對人要友善、不斷推陳出新、團隊要有凝聚力，以及具強而有力的slogan」** 等 4 種作爲。例如我擔任館長，我覺得閱讀就是我的使命，因此在任何場合的開場白，我的問候語就是「今天你閱讀了嗎？」來取代過去人與人見面的第一句問候語「你吃飽了嗎？」持續一段時間之後，發現大家也會響應這句新的問候語，發展成爲我們共同的品牌，現在民眾只要一聽到這簡單又有力的問候 slogan，自然就能引起共鳴，聯想到圖書館，進而連結產生信任感。

二、開創新亮點

在瞬息萬變的時代中，組織應精益求精，套句我最常說的話，「時代在變，環境在變，但目前唯一不變的就是變。」因此，一個組織必須掌握這個「變」的原則，**開創新亮點、維持新鮮感，同時融入數位科技，提供有感、利民的服務**，亦即創造有別於其他組織的價值和內涵，形塑組織的特色和吸引力，以引進新的顧客。

細微改變的累積，將轉變為驚人的能量

　　一個組織除了必須建立信任與開創亮點，成員還必須具備正確的工作態度，留意每一項細節，且不因困難而退縮放棄，盡心盡力，持之以恆地執行並堅持到最後，努力達成組織共同的目標和任務，我相信累積時日，就會得到意想不到的效果。誠如《原子習慣》一書中所指出的，「細微的改變可以帶來巨大的成就，每天都進步 1%，一年後你就會進步 37 倍，反之，如果每天都退步 1%，一年後，你就會弱化接近於 0。」

　　一個好的領導者必須思考，如何帶領一個組織持續提升生產力，包括軟體及硬體的生產力。就學校辦學而言，持續開創學校亮點，發展學校軟硬體特色，培養孩子具備在地化的思維，同時也擁有國際化的視野，學生才能夠跟得上時代。也唯有如此，學校才能讓家長產生信任感與肯定，學校才能永續生存與發展，並在現今少子化的衝擊中，化危機為轉機，成功開創出一片藍海。

類博物館化

　　最近看到報章雜誌報導有關「臺中綠美圖」歷經多次流標，終於順利決標，其競圖採用國際標，由日本知名建築師妹島和世與臺灣劉培森建築師事務所合作設計，因工法特殊使得國內營造廠商無投標意願，復經市府團隊再廣徵業界意見，重新檢討招標文件，才完成決標，預計 2022 年完工。綠美圖的規劃方向是打造「公園中的圖書館、森林中的美術館」，結合圖書館和美術館雙館設計，欲將其打造成類博物館化，以閱讀元素和藝術元素加乘，擴大其價值。

類博物館化是什麼？

　　上述綠美圖的規劃，我覺得就是一種類博物館化的實踐，採複合式的概念，將圖書館與美術館共構。同時臺中市未來的新地標，將變成綠美圖所在的水湳智慧園區，周圍有中央公園、智慧營運中心、水湳國際會展中心、水湳水資源中心、中臺灣電影中心（含國家漫畫博物館）等重大建設，日後都是綠美圖可尋求同業或異業合作的對象，

彼此間的加乘、複利價值是可期的。

而以圖書館為例,類博物館化指的是,圖書館不只是圖書館,同時也是一所美術館、社教館、博物館。簡而言之,圖書館就是屬於平民大眾的「庶民館」,須仰賴我們高度的智慧去設計與規劃,以閱讀元素開展所有活動、軟硬體、各項設施設備與服務。

因此,「類博物館化」是當代文教組織最重要的一個課題,亦是未來發展不得不面對的**趨勢**。在維持組織原有核心價值的發展下,透過同業合作及異業結盟模式,活化空間、擴增價值,讓組織不只是組織,期能發展多元化的功能。

■ 努力不斷進步,複製成功經驗

類博物館化,必須在原有的基礎上不斷創新,Old is New,舊即是新,推陳出新,以創意重新包裝,賦予舊物件一個全新的生命。而組織為力求新穎性,到其他單位取經學習,汲取他們的成功經驗,也是一個很好的方式,但複製成功經驗並非一味抄襲,而須找到自我的特色,進而發揚光大、獨樹一幟。

值得一提的是,一般組織大多會遵循過去的模式,而未思考因人而異和因地制宜的彈性作為,忽略工作應有普遍化處理原則與特殊化處理原則。以圖書館常辦理的閱讀講座為例,講座若為不易邀請到的知名權威者,可能對講座的接待安排,就不宜採一般性的方式,而應提供個別化的需求服務,例如專人接送、開場主持人層級提升、特殊器材或設備搭配、講演前後提供導覽或餐飲等。其實,如給予權威者

高度的尊崇，因權威者的影響力深遠，透過權威者的口碑行銷，對組織而言，是最有效且最廉價的行銷。

因此，現今最好的領導模式，是「權變領導」，也是一種「情境領導」，即因應不同的人、事、時、地、物，而有權宜之作法。

■ 提供「知識宅急便」服務

現在是一個網路聲量可以轉化成力量的時代，社群網站擁有強大的影響力。順應這樣的趨勢與潮流，我思考推出了「館長書房菜」，行銷「讓書走出去」的概念。

「館長書房菜」，就是類博物館化的例子，因應時代趨勢，主動出擊，推動「知識宅急便」的一項創新服務，將知識藉由每日使用的 3C 載具，送到每個人手上，讓民眾在滑手機的同時，就可以汲取書本知識和最新趨勢。用閱讀構築圖書館幸福的溫度，用幸福的溫度烹煮一道又一道迷人知識菜，加溫新知、分享感知，每週上菜，以知識來款待，與民眾一起感受生活的溫度，用知識營造最幸福的圖書館溫度。

最後，教育文化組織的領導階層，不妨也嘗試讓組織類博物館化，在 80% 的原核心價值下，思考活化空間，發揮 20% 的博物館化元素，也融入生活美學觀點，假以時日，應會看到高附加價值的產出。

創新品牌形象

品牌形象（Brand Image），是存在於人們心中關於品牌的一種圖像與概念，良好的品牌形象，是一個組織在市場競爭中的有力武器，可以深深吸引著目標群。因此，在組織經營中，品牌是很重要的，沒有品牌就無法吸引人，透過品牌才能進行行銷與包裝，建立好的品牌形象。

善用自媒體

現在是自媒體的時代，各行各業都應該善用數位行銷，培養員工自媒體的經營技能，進而透過數位行銷來展現組織的成效與成果。以學校而言，學校教師必須懂得數位教學，目前已經有很多數位的作法在職場上呈現，比如「磨課師」（MOOCs, Massive Open Online Courses）、遠距教學、視訊教學、教材數位化，甚至製作數位資料庫供師生使用，民間私立學校方面更有「均一平台」的設立。因此，面對網路世代，為了解年輕人的想法、認識新世代的網路流行語言、

掌握社會的流行趨勢，應嘗試使用自媒體的工具，透過手機載具拍攝影片，在 line、FB、IG、YouTube 等網路平台上，多與大眾分享，藉此網路流通資訊，同時打造組織的自媒體風格，形塑品牌的形象。

■ 讓品牌成為組織的代名詞

品牌，就是代表一個組織的價值、特色和願景，更可以說是組織的代名詞。品牌，一定要透過整體性的規劃，不斷地發揚光大，不論到哪裡，只要有機會，就不斷的去推銷，這樣的品牌，久而久之就會引起共鳴、深植人心。就像李國修先生所說的，「人一輩子只要做好一件事情，就功德圓滿了。」

我在圖書館的就職典禮開場上說「你今天閱讀了嗎？」這就如同農業社會人和人之間的問候語「哩呷飽末？」近年來 AR、VR 非常發達，曾有一度流行的問候語是「你抓寶了嗎？」我則希望未來有一天，我們的問候語會變成「你今天閱讀了嗎？」

我現在不論在任何活動的開場上，甚至在正式的評鑑會議上，只要有機會致意時，都還是以「你今天閱讀了嗎？」做為開場問候語。在某些場合，如果我沒有講這句話，反而記者、讀者或夥伴們都會提醒我，「館長，你今天還沒講這句話。」現在很多民眾一聽到「你今天閱讀了嗎？」這句話，就會聯想到國資圖。這句 slogan 已成為機關的品牌，是機關的代名詞。

品牌，就是競爭力

　　品牌是組織的資產，是一個名字、符號，以及顧客對產品的想法，代表一個組織的門面，更可以說是組織的代名詞。所以品牌設定的好壞，確實影響組織非常深遠。所以我們可以說，「品牌，就是競爭力。」沒有品牌故事，就無法打動人心，也難以引起共鳴、吸引目光。所以，在這個民主多元、網際網絡發達的自媒體時代，透過品牌來行銷，是很重要的課題。以下提出品牌創新策略的幾點思維供參考：

一、**品牌係指品質、形象與創新所構築而成的概念**。創新品牌必須以卓越品質為基礎，迎合顧客求新求變的需求，充分展現經營的品牌優勢，讓顧客信得過、口碑特別好。

二、**創新品牌，人人有責**。品牌就是承諾，做出品牌是一個過程，一定要透過團隊合作的模式，採由下而上的草根式參與去討論發想，未來這個品牌才會有團隊的默契和認同感，才能引起所有人的共鳴，以及永續性的發展。

三、**為品牌定位，創增品牌價值**。創新品牌一定要扣住組織的核心價值與定位去發展，例如圖書館的核心價值就是閱讀。畢竟，有好的願景，才可贏得忠誠；有好的品牌，才能贏得信賴；有好的價值，才會贏得顧客。

生活美學的空間改造

　　第一次看到國資圖的外觀，我心裡就在想，能在這麼美的圖書館讀書真是一種幸福。之後發現，這個館的確是一個很棒的地方，不只是中部有名的觀光景點，更被國際知名協會及網站評比為「此生必去的 1001 所圖書館之一」，以及「世界 8 大獨特國立級圖書館之一」。

打造吸睛的打卡新地標

　　國資圖的內部裝潢如同外觀一樣都很漂亮，區區有特色、處處皆精彩，但感覺上卻沒有一個特別吸引人，會讓民眾想駐足停留拍照的點；其次，館內每週皆有新書上架，但都會很快就被讀者預約取走，所以留在架上看得到的書，大多是舊書，因此館內面臨了每個圖書館共同的困境，也就是，讀者普遍認為圖書館的書都很老舊。

　　現在的打卡文化盛行，很多民眾及網友都喜歡在網上分享一些熱門的景點，或在 FB 上打卡分享曾經去過的地方。因此，我希望打造

一座吸睛的「新書牆」，做為人人必拍的打卡點，將新書牆結合入口意象，把入口最醒目、最黃金的區域空間還給民眾，融入現代複合式空間的經營概念，加入精品櫥窗的精神及布置手法，營造出讓讀者一入館就被吸引住而駐足拍照打卡的新地標。

這座「新書牆」同時也解決了上述「沒有買新書」、「沒有拍照打卡點」等問題，我更從空間改造的過程中，體會出一些想法，供大家未來參考。

■ 空間改造的 10 項原則

「新書牆」空間規劃之初，我根據過去在學校教育環境空間改造的經驗，以及對圖書館的觀察，揉合提出 10 項原則，請建築師融入規劃中。這 10 項原則就是，必須營造出讀者一入館就有**逛書店、逛文創、逛百貨** 3 種氛圍；整體展現**美感、時尚、人文** 3 種味道；空間規劃要有**層次性、延伸性、多元性** 3 種特性；最重要的是**相融性**，也就是新的設置要與原有的內裝融合為一，沒有違和感。

一、氛圍營造

整體空間的規劃，除了書牆的展示功能外，更結合書籍的閱覽功能，增加讀者的停留時間，讓人有**逛書店、文創展、百貨公司**的 fu，享受悠閒的閱讀氣氛。

二、整體美學

「新書牆」區域內巧妙結合家具擺設，增設文創品展示櫃、多功能書籍展示桌面及蜿蜒造型的流線型書架，並將空間劃分為「年度新書／熱門書」、「多國繪本」、「主題書展」、「每週圖書」和「視聽靚片」5大展示區，兼具美感、時尚、人文的空間美學。

三、空間規劃

結合入口門面、新書展示、停留打卡等多元功能，採蜂巢式造型書架，運用透明壓克力材質，營造出空間的明亮及通透性，並維持入口大廳視覺及動線的流動感，使空間呈現**層次性**、**延伸性**、**多元性**等特性，同時保留了未來彈性使用的可能性。

四、無違和感

空間改造另一個很重要的原則就是**相融性**，也就是新的設置除了要達到所規劃的功能外，還要與原有的內裝風格融合為一，就像是現有空間的延伸一樣，沒有違和感。

■ 空間改造的 4 個堅持

空間改造通常非常耗費時間與心力，必須先針對現有空間進行完整的評估，綜整提出需求與想法，不斷的在細節上溝通及協調，並以多向度思考方式，量身打造符合理想的空間，以臻至完美。接下來是我在空間改造中觸發的想法，提供給學校師生、教育文化工作者，或

有志之士未來進行規劃時，必須要留意的 4 個堅持的思維。

一、堅持生活美學，導入建築專業

　　空間改造的第一步，必須要針對需求提出自己的想法，並堅持之。我們常看到許多機關學校進行室內裝修時，成員往往會忽略了將自己想要的空間感覺與建築師或設計師溝通，一切都以建築師主導設計，可想而知，成果大都不如預期。因此，一開始「新書牆」規劃時，我就將我對新書牆的 10 個原則想法與建築師溝通，請他融入設計當中，心裡想，如果沒有做到這些原則，寧可不做。在這樣的要求下，建築師才會認真的考量我們的需求，打造出我們需要的新書牆。

二、理想兼顧維運，永續經營管理

　　空間改造後的各項設施、設備，日後是要由組織成員共同維護的，所以，相關部門的成員必須經過充分的討論，以使用者的角度去思考，針對使用上及管理上，逐一提出需求及想法，具體與建築師溝通，才不會掛一漏萬，確保未來使用便利及管理順暢，發揮空間改造的最大效益。

三、蒐集國際趨勢，將理想圖像化

　　空間的改造除了要以使用者的角度，提出具體的空間原則之外，還須多下功夫蒐集資料，針對相類似的建築，評估比較、做案例分析，以符合現代化、國際化的建築設計。因此，我們在新書牆的規劃前期，除了以上述的 10 項原則與建築師溝通外，也成立專業團隊進

行資料蒐集的工作，用心參考比較國外的建築資料，並觀摩許多圖書館及書店，掌握當前空間規劃的趨勢，再將我們想要的新書牆，以更具圖像化的方式，與建築師共同討論，逐步形成共識。

四、問題解決導向，擴增效益迴響

空間改造的目的是要能解決問題，並且讓民眾有感，願意一來再來。看到許多方案執行到後來變調走樣，往往是成員忽略初衷，錯把重點擺在無關緊要的細節裡，而見樹不見林。正如新書牆設置於設定目標之初，就經過重重討論、腦力激盪，針對改善民眾「圖書館都是舊書」的刻板印象，以及提供「拍照打卡點」的需求著手，因此能有效達成所設定的目標，解決問題，並得到許多民眾的暖心回饋。

■ 閱讀，是最美的風景

「新書牆」位於國資圖能見度最高的一樓動線入口，是入館的黃金位置，每年 250 多萬的入館人次，一進入口就可以看到牆上一排排最新出版的新書，具有很好的展示及行銷效益。我於書區建置完成後，每當經過入口大廳，看到許多讀者駐足停留，有時是父母與子女共讀繪本，有時是一群青少年聚精會神的看著小說，那一幅幅專注凝神的閱讀景象，都深深的感動著我，因為我一直認為，閱讀是最美的風景，閱讀也讓一個城市更美麗。

將幸福學當成人生必修課

　　哈佛大學有一門很熱門的課程叫做「幸福學」，是由哈佛組織行為學博士塔爾‧班夏哈教授（Tal Ben-Shahar）所開設的，被列為哈佛史上最受歡迎的課程，每學期選修人數達 1,400 多人，超過學生總數的四分之一，他的課程內容還被上傳成為哈佛網路公開課程，全球瘋狂下載。

■ 幸福感是衡量人生的唯一標準

　　其實，這門「幸福學」在開課的第一年，只有 6 位學生，3 年後選課人數才爆增為 1,400 多人，更令人無法想像的是，班夏哈教授患有注意力缺失症（ADD），年輕時希望成為職業運動員，卻因受傷粉碎夢想，還被劍橋博士班開除。因為大學時代個人的不快樂，讓班夏哈開始投入研究「如何可以更快樂」，他認為：「幸福感是衡量人生的唯一標準，是所有目標的最終目標。教育能讓你活得幸福，而幸福取決於有意識的思維方式。」30 歲前的他，是最不快樂、最不幸

福的代表；現在，卻是聞名世界的幸福學代言人。

班夏哈強調，「選擇」的力量能改變人生，生活中每一天的選擇，每一個小改變，都可以讓自己離幸福近一點，而「幸福」是可以「學習」的。成就和金錢，都無法保證帶來幸福，幸福是來自於和我們關心以及關心我們的人相處，來自於主動行事，來自於感恩。

最近我也常講演有關「正向思考‧發現幸福」的主題，所以我覺得，從幸福的觀點而言，每個人都應該尊重自己及他人對價值的選擇，人生的每一刻都有選擇，「選你所愛，愛你所選」，我們做的所有選擇，開創了我們的人生，當你注意到每刻選擇的可能性，你就得到了動能，人生充滿了正能量。

Learn Better，幸福可以透過努力學得

「幸福學」讓我們知道，可以透過有意識的選擇，在求學、職場、生活中努力學習，而得到「幸福」。也唯有透過自己認真、用心地開創幸福，得來的幸福才會甘之如飴，才會珍惜。因為這期間會有努力的歷程，有進步的足跡，這些都是令人動容的生命故事，更有生機，更有意義，這種幸福，才是真正的幸福，讓我們可以反覆品味，感受它存在的價值。

因此，「幸福」其實是可以學來的，可以透過努力去營造的。我們無法選擇出生的環境，也許有些人出生在富裕的家庭，含著金湯匙長大，雖然生活上有好的物質條件，但我們無法得知他們是否真的幸福，因為唯有心靈上的充實快樂，才會有更高的成就及幸福感。

■ 把小確幸變成一種習慣

　　幸福，是可以學來的。過去我在一些場合，也常鼓勵教育界的夥伴，「要心存感恩，懂得正向思考。大家可以利用每天睡前的片刻，回想 5 件值得感恩的事，只要能夠持續下去，相信經過一段時間之後，就會發現，你的心境將會有正向轉變，你與快樂的距離將愈來愈近。」透過每日回憶讓你倍感幸福美好的事情，讓自己經常沉浸在快樂的氛圍中，進而將這些小確幸變成一種習慣，你將會開始得到更多的能量，你的人生就會開始不一樣了。

　　比如說，睡前回想今天剛好全家可以一起在家看 HBO 電影，享受家庭的天倫之樂；或是睡前和小孩一同讀一本好書，擁書而眠。這樣的小確幸每日不必太多，重點是要能持續一段時間，堅持下去，把小確幸當成像刷牙、洗臉、吃飯那樣的習慣，幸福感自然就會融入生活當中。同時，我們也要學會放下心中的負擔，欣賞自己日常生活中的每一次成功和擁有，我們就會發現，其實自己早就擁有了幸福。

■ 幸福取決於有意識的思維方式

　　最近有機會去扶輪社、獅子會等民間團體演講，面對這群中小企業或社會領導階層人士，因各行業的人都有，我覺得講哪方面的專業都不適合，所以就用大家都關心且有興趣的議題「正向思考‧發現幸福」為講題，鼓勵大家努力學習幸福。幸福的人生是大家畢生都在追求的，沒有努力就不會有收穫，因為幸福不會平白從天上掉下來。所

以，我從自己的生活及工作經驗中，歸納了 10 項有意識地獲得幸福的思維方式，相信從這些思維學起，你的人生一定會愈來愈美麗：

一、懂得感恩，惜福。

二、不斷學習，才能不斷成長。

三、活在當下，做你想做的事。

四、樂觀進取，永不放棄。

五、照顧自己，簡單生活。

六、忠於原味，回到初心。

七、學會面對失敗。

八、適時深思熟慮。

九、適時表達正常情感、休息及運動。

十、只有自己幸福，才能帶給別人幸福。

領導 統御

什麼是領導

我們在組織裡一直在講「領導」，「領導」也有各種的類型、型態、理論、理念，若先不提這些學理的部分，而以實務上觀察，身為一位「領導者」應該具備什麼特質和條件呢？最近我剛好在閱讀一些領導的書，就發現有一些領導金句確實不錯，可以給我們一些啓示和省思。

領導金句

領導的真正挑戰不在於領導者知道多少，而是當不知道做什麼的時候，領導者是知道如何作爲的。　　　　　～Shapiro

做爲校長，有時候使學校「看起來」有績效，比「真的」有績效更爲重要。　　　　　　　　　　　　　　～秦夢群

校長的行爲表現像是肥料或基肥，雖然對他們來説可能會有惡臭，但是可以幫助事物成長。　　　～Beaudoin & Taylor

領導的能力，是讓人們做不想做，但是又喜歡去做的事。

～Truman

學校領導者的工作是把燈打開，而不是關燈，他們必須透過信任和寬恕，來創造成功的環境和可能性。　　　～Houston

請記得領導者和老闆的差別，老闆說：「Go」，領導者則會說「Let's Go」。　　　　　　　　　　　　　～Kelly

■ 什麼是領導

從以上的領導金句，你領悟出什麼領導圖像呢？就我的觀察，我覺得真正的領導應該是：

一、每一個人都是領導者。

二、帶人先帶心。

三、在困難中才能看出真領導者。

四、為你的領導添加價值。

五、領導帶來改變。

六、你自己才是最難領導的人。

七、學會做一個聆聽者。

八、領導是領航者，給方向（理想、目標）及速度。

■ 領導者要先懂得改變觀念

世界首富比爾・蓋茲（Bill Gates）就是一位領導者，他帶動其事業蓬勃發展、屹立不搖，同時能夠讓很多人在他的事業體系裡工作，創造就業機會，這樣的領導者其實是要不斷的改變觀念。所以，比爾・蓋茲在每一年當中，都會找一段時間閉關，不讓任何公務、吵雜打擾，然後就是大量閱讀，他認為這是非常重要的事情，因為大量閱讀可以讓自己沉潛，不斷地思考，從書中汲取創新想法、靈感，以及對企業有利的元素。

以前我常對校長、主任班儲訓學員說，「環境是如此的動態，保持現狀就是落伍；專業發展最難觸及的對象，就是領導者。」這句話的意義就在這裡，期待學校領導者能夠透過大量閱讀，不斷地精進想法、改變觀念。比爾・蓋茲曾講過，「微軟距離失敗，永遠只差 2 年。」我覺得意思就是說，如果微軟沒有在 2 年內創新、突破、精進、改變，就會被其他企業體趕上，微軟就可能會被市場淘汰。所以我們必須在一片市場化的紅海環境當中，以新觀念尋得屬於我們自己的藍海策略，找到我們的新契機，將之發揚光大。

所以，領導者非常重要的，就是「改變觀念」。

正向領導是一種實踐智慧

　　目前有非常多的新興領導理論出現，例如道德領導、服務領導、專業領導、文化領導、創新領導、轉型領導等，但其實我覺得最好的領導，還是「正向領導」，因爲它是所有領導的基礎，以及其精神內涵的展現。

■ 正向領導的概念

　　正向領導是什麼呢？簡單來說，正向領導其實就是「**正向思考、樂觀積極、同理關懷、團隊合作**」。以下針對其概念進行說明：

一、是一種正向解讀的過程，透過樂觀、愛心、關懷、同理心等正向情緒，來解讀組織成員的行爲，並用正向態度關懷成員的表現。

二、是一種善用智慧，運用正向意義連結個人與組織的價值感，並透過道德的反思與分享、學習，激勵成員產生良善的美德，營造正向氛圍。

三、是一種透過正向溝通的過程，建立具正向意義的共同願景。

四、是一種透過正向思考的方式處理相關事務，在困境中找到事件背後的正向意義，並以勇氣執行，克服困難。

五、是一種能幫助領導者提高組織及其成員的成就，產生正向卓著表現的領導策略。

■ 正向領導的內涵

如何透過正向領導，讓一個組織從 A 到 A+、從優秀到卓越呢？我們可以藉由正向領導 4 個非常重要的內涵來了解，分別是「正向文化」、「正向關係」、「正向溝通」、「正向願景」，它們之間的關係是有先後順序的，是從正向文化到正向關係、正向溝通、正向願景，再回到正向文化，形成一個正向的循環。以下針對這 4 個面向進行說明：

一、正向文化

領導者利用正向情緒，促使成員擁有較佳的運作成果及卓越表現；領導者營造組織的正向氣氛，造就組織正向文化及優質的氛圍。

二、正向關係

領導者尊重組織成員的專業知能，與成員們建立良好的夥伴關係，並善用正向思考解讀成員行為表現，建立組織成員相互接納、扶持、信任與互助互利的關懷行為，彼此建立良善的正向關係，以提升成員自信與能力。

三、正向溝通

領導者要善用支持性的語言，關注成員的長處及優點、肯定成員對組織的貢獻、給予成員最好的回饋意見，讓正向溝通的管道順暢，以提升組織效能。

四、正向願景

領導者應善用正向思考與正向溝通，帶領成員超越個人利益，釐清工作的意義及價值，引領組織成員形成共同追求的願景，讓組織的共同願景與個人的工作價值相結合，激發部屬更加認真負責，提升組織的績效。

■ 正向領導是一種實踐智慧

現在的領導類型非常多，每一種領導都有其強調的特質和特性，不論是哪種類型的領導者，都有一個共通性，就是他們都要懂得**正向思考、樂觀積極、同理關懷、團隊合作**，在許多正向領導理論的概念當中，我認為這 4 個是最重要的精髓。以下針對各種類型的領導做介紹：

一、道德領導（Moral Leadership）

強調領導者必須要有好的品德、責任感和義務心，重視道德操守的展現，透過個人身教、言教，以身作則去影響員工，培養員工自動自發和犧牲奉獻的精神。

二、服務領導（Servant Leadership）

強調領導者樂意服務他人，增加他人的能量，將服務他人置於自己的利益之上，並且鼓勵建立信任、傾聽同理、創造合作、共同成長，能夠激發組織內部質的改變。又稱為「僕人領導」。

三、專業領導（Professional Leadership）

強調領導者在其組織領域當中，有很強的專業，透過這樣的專業能力來領導他人，並且尊重員工的專業自主性，進而激發員工的潛在能力，提升組織的專業績效。

四、文化領導（cultural Leadership）

強調透過典章、制度、器物、傳統等進行領導，力求塑造優質的組織文化，使組織及其成員形成生命共同體，形塑組織內部的凝聚力，當組織遇到危機時，能排除萬難、一致對外。

五、創新領導（Innovative Leadership）

透過創意經營的領導模式，為組織注入新的點子，激發團隊成員持續活化、精進，使組織能夠彈性因應現今不斷變動的環境，並提高組織活動的績效與能量。

六、轉型領導（Transformational Leadership）

在組織面臨重大變革壓力時，領導人運用其強大的影響力，改變組織成員的觀念與態度，使其同心合意，願意為組織的最大利益付出

心力，進而達成組織轉型的目標。

　　以上這些領導類型，不管哪一種，都隱含著「正向思考」的意涵，都是以「正向領導」為基礎來實踐的，也就是展現了「正向領導」的精神和內涵。因此，「正向領導」是所有新興領導行為中，所隱含的一種實踐智慧。

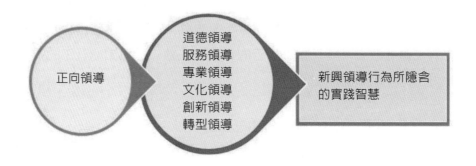

正向領導　→　道德領導
服務領導
專業領導
文化領導
創新領導
轉型領導　→　新興領導行為所隱含的實踐智慧

■ 正向領導的作為

　　正向領導是一種最好的領導，透過正向領導能夠提升組織的績效。惟正向領導者在組織領導的過程中，必須要留意他所扮演的角色，他可能是一個溝通協調者、評鑑控管者、革新推動者、衝突管理者、行政決策者、專業領導者、創意經營者、熱心服務者、紀律維持者，或者是公關促進者。校長具體的領導作為如下：

一、形塑學校願景和目標。

二、建立優質正向的領導團隊。

三、爭取企業／社會資源的投入。

四、友善熱切的學生關懷及適性輔導。

五、鼓勵教師專業發展和組織教師社群。

六、引導成員反省、對話、合作和分享。

七、提升學校創新經營效能。

組織創新學習的藝術：
從第五項修練到第五級領導

在新興管理學領域中，有 2 項非常重要的理論，就是「第五項修練」和「第五級領導」，在企業經營實務中已成為經典，後來被引到教育系統，應用在學校教育行政及領導上，對教師教學及學校行政有很多的啓發。在「第五項修練」理論提出後，隨之又有「第五級領導」的探討，先後引起廣大的迴響，這 2 項理論雖然係屬不同的理念，但從「第五項修練」到「第五級領導」分別在學校領導的應用上，我覺得卻有很多共通性的精髓，這不只是一種哲學，更是一種藝術，可給予實務工作者或學校經營的夥伴們很大的啓發。

從第五項修練到第五級領導的創新藝術

打造「學習型學校」，是很多學校共同努力的一個願景。為了達成「學習型學校」的目標，學校必須透過很多的方式，讓每位成員都願意改變各自的心智模式，不斷地自我突破，重新對組織發展做系統性、策略性的思考，共同構築學校的願景，也就是要發展成員具備

「第五項修練」的能力與條件。

但擁有「第五項修練」的能力還不足夠，唯有透過「第五級領導」的內涵精髓，將個人的力量擴大為一個團隊，建立 team work，整合各項可用資源，並引入社會資源，把資源運用在刀口上。當遇到困難則能以謙沖的態度，尋求解決的方法，同時在專業上也有所堅持，並堅持到最後，建立具績效責任的組織文化，如此才能帶領學校有效能、有效率地往「學習型學校」的目標邁進。

易言之，打造一個「學習型學校」的歷程中，必須同時具備聖吉所提出來「第五項修練」的能力和條件，以及柯林斯「第五項領導」的內涵和素養。

■ 第五項修練：學習型領導

「第五項修練」源於組織型學習之父彼得・聖吉（Peter M. Senge）的著作《第五項修練：學習型組織的藝術和實務》。聖吉認為透過自我超越、改善心智模式、建立共同願景、團隊學習、系統思考等五項修練，就可以成為「學習型組織」，這是一種能在變動的環境中，永續擴展員工的創新能力，並在工作中創造價值或意義的組織。

為了詮釋聖吉五項修練的意涵，我將原本列為第二項的「改善心智模式」擺在第一順位，代表著唯有心智模式、觀念先改變，才有可能不斷地學習及超越，進而與他人充分合作，共同完成更為艱鉅的挑戰。

一、第一項修練，改善心智模式

　　一個成熟的個體，他的心智模式通常已經固定，不太容易改變，因此，要在社會上有所成就，就必須要改善心智模式，符應世界的趨勢與社會的需求，亦即除了要與國際接軌外，還要能夠接地氣。聖吉認為，心智模式會侷限一個組織的思考，所以我們必須要學習、了解、發覺、調整，用開放的態度不斷地自我調整，使自己成為更好的人。

二、第二項修練，自我超越

　　「自我超越」是學習塑造一個明確的個人願景，客觀評估自己的現實生活，培養開創性的能力，集中精力、全心投入，不斷地創造和超越，努力朝所追求的目標邁進，是「學習型組織」的基本精神。

三、第三項修練，建立共同願景

　　任何組織都必須要有共同的願景、理想和目標，引領大家朝共同的方向前進，才能對組織的動力產生正向的影響。而共同願景的建立，應該採由下而上的草根式參與，透過團隊共同建構，才會有團隊的默契，大家才會主動的投入、努力學習、追求卓越。

四、第四項修練，團隊學習

　　一個組織要發揮它的效能、效率，必須要透過團隊合作，但團隊合作的前提是，先做好團隊的學習，也唯有透過團隊學習的修練，以及「深度匯談」（dialogue）的方法，讓團隊成員自由交流，才能有

默契、共識。所以團隊是組織的基本單位,但團隊需要不斷的學習,否則組織就無法精進。

五、第五項修練,系統思考

「系統思考」的修練是學習型組織的核心。組織其實就像一個系統一樣,相互牽連,所謂的「系統思考」,指的就是將所獲得的資訊或知識,進行分類、邏輯化、分層化、系統建構、實踐應用、修正轉換。也唯有透過這些作為,知識才會是活的,不然就只是資料而已。網際網路的發達,固然有利於資料(data)的取得,但若無法經過一定層次的解析,其實反而無益於知識(knowledge)的獲得。

■ 第五級領導:帶領組織變革

「第五級領導」的概念源自於吉姆・柯林斯(Jim Collins)的著作《從 A 到 A+:企業從優秀到卓越的奧祕》。當一個組織需要轉型或變革時,第五級領導人可以發揮其領導能力,帶領同仁因應組織變革轉型成功。因為在關鍵的時刻,需要的是一位具有謙沖為懷、強烈企圖心、意志力,以及專業能力的領導者,才能突破困境,將危機化為轉機。

一、第一級:有高度才幹的個人(highly capable individual)

能善用個人的天賦、知識與才能,建立良好的工作習慣,並產生對組織具建設性的個人貢獻。

二、第二級：有所貢獻的團隊成員（contributing team member）

能貢獻個人的能力，並與他人進行團隊合作，以有效達成組織目標及願景。

三、第三級：勝任愉快的經理人（competent manager）

能夠組織人力、物力、財力等各種資源，貢獻個人能力，並與他人團隊合作，以有效達成組織目標及願景。

四、第四級：有效能的領導人（effective leader）

能夠激勵員工積極追求明確的願景或更高的組織績效。

五、第五級：第五級領導人（executive）

結合謙沖的個性，以及專業的堅持，建立持久績效。

第五級領導人，所指的就是要具備以上 5 個等級的領導能力，但這 5 個等級的領導能力並不一定要依序從一進階到五，而是如果某一等級能力不足，就可以隨時透過各種方式或跨域去補足。

■ 從「第五項修練」到「第五級領導」的行政哲學思維

從前述「第五級修練到第五項領導」的探討得知，應用這 2 項理論來打造學習型學校的過程，本身就是一種高度的哲學，也是一種藝術。因此，我們借鏡這樣的過程，針對這 2 項理論的共同性精

義，整理出幾個領導上的共通啓發，提供各位在學校經營及教育行政上做參考：

一、尊重專業

專業是一種需要經過特殊專門訓練之後，才能從事的職業，他們的工作通常是爲其他人提供特殊的技術服務或顧問。要能稱得上是專業，也要具備專業精神、專業道德與專業能力。因此，在職場上必須了解成員的專業能力，並尊重其專業，有效活用個人專長以增強組織的工作效果，善用每個人與眾不同的長處。

二、激勵士氣

人，是組織最寶貴的資產。要使組織有活力、有生機，同時要使組織的每個人都有主動性、積極性、創造性並高效工作，激勵就是一切。有效的激勵，員工才會對組織有承諾感、歸屬感及向心力。因此，爲充分發揮員工的潛能，有效的激勵機制的建立與運作，是一個組織成長與進步的關鍵。

三、設定目標

領導者有 2 件很重要的事：有明確的願景及給清晰的方向，才能讓成員有所依循，知道自己的工作分寸在哪裡。因此，領導者必須設定明確的短、中、長程目標，引導成員，促使成員全心投入，在工作上自動自發、自我要求、不斷精進。

四、建立績效責任的組織文化

　　領導者要擘劃美好的教育理念與圖像，採由下而上的草根方式，透過團隊學習及系統思考，共同建構未來的願景。同時透過組織專業發展，改變同仁的舊思維，積極建立友善的組織文化，進而成為績效責任的組織文化。

五、做對的事

　　做對的事（Do the right thing），比把事情做對（Do things right）更重要，因為「把事情做對」這句話，是建立在先「做對的事」上。換言之，整個句子應該說：「做對的事並且把它做好。」而不對的事，做再多都沒有用，若認真去做，比敷衍了事對組織的傷害更大。因此，領導的作為是「做對的事」，係以謙沖而堅定的態度，堅守教育的專業與信念，只要對的事情，一定要擇善固執，持之以恆，好好發揮自己的專業，但也不要表現出專業上的傲慢。

向上領導

　　教育工作貴在感動，因感動而影響他人，也因受感動而影響自己，因此我們一般在教育場合，總是會以福祿貝爾（Friedrich Froebel）的名言：「教育之道無他，唯愛與榜樣」來期勉，但我都習慣在「愛與榜樣」後面，再加上一個元素「感動」。而我在從事教育行政工作 20 餘年，也領悟出「行政之道無他，唯領導、溝通與決策」，其中又以「溝通」為要，因對事的決策、對人的領導，過程中皆須透過「溝通」，進而影響他人，才能達到有效的領導和決策。

■ 領導模式

　　一個領導者的領導行為，通常可分為向下、平行和向上領導 3 種模式，而好的領導者，就是最好的溝通者，他其實更具有「向上領導」的智慧，能夠帶動員工對主管發揮更大的影響力，讓員工在組織中有更高度的承諾感。

一、向下領導

是主管對所屬員工的期許、工作分派與任務指示，這種模式為最有效力、最直接，也最為簡單，是一種由上而下所下達的指令。

二、平行領導

是同儕間的互動與協調，是一種雙向的行為。係本於平等互惠的原則，兼顧彼此的立場，無長官、部屬間上下的階級問題，是屬於為達成目標的一種同儕溝通模式，希望能夠完成任務或使命。

三、向上領導

是指員工對主管的影響力，是一種由下而上的影響。員工通常可依據當下的情境，進行 SWOT、風險評估等各種情勢的分析，將對組織各種有利／危害的因素、有形／無形的影響，婉轉忠實地向主管反映，以影響主管的作為。惟因上下級間存在著權力的不對等，且涉及主管主觀意識及價值判斷，一般而言，員工都會有所顧慮，因為有可能動輒得咎，若建言不當反而弄巧成拙，故為最困難的領導模式。

一個組織若只存在「向下」和「平行」模式者，當可於平穩中求發展，若想更為精進與突破，即須仰賴「向上」模式。政策制定可適度授權由執行者（即員工）進行規劃與決策，因員工對公司狀況最為熟悉，且有實際經驗，可協助主管做中肯周延的決定，其所提出的方案及意見，會有一定的建設性，若主管能通盤考量、納入決策，將會對組織的發展產生意想不到的效益。

■ 領導者的威信

以前我擔任南投教育處長時的辦公室同仁，在退休時發了一則 FB 給我：

> 「處長，感謝您在南投任內，對我的照顧！在我所服務的主管中，與您情緣最深厚！因而，也最能看到您，處事謙恭，榮辱不驚的優雅風範。想起您，常廢寢忘食與全處同仁，同心協力為南投教育打拼奮鬥的日子，真是令人懷念。我有幸能在您麾下任事，那是我學習與成長最多，也是最快樂的時光。」

從信中可以看到，過去擔任處長期間，雖然那麼辛苦，可是我們的舉手投足、待人處事及各項施政作為，原來員工都看在眼裡。透過這封信，其實也間接在鼓勵我們，帶人要帶心，多體恤、關心部屬，增加他們的能量，尊重同仁存在的價值，協助他們發揮專長，讓大家真心誠意地一起為組織而努力，把事情做好，這其實也是身為主管很大的成就。由上述實例我們可以知道，「向上」模式除了需要員工願意勇於建言，主管也須擁有接納的雅量，欣賞同仁、尊重同仁，彼此達到一個良性的循環與互動，才可能願意共同為組織創造最大利益。

經過我在教育界長期的觀察，校長是學校很重要的領導者，主任則是他的左右手，但是在行政領導上，因為校長也擔任過主任和老師，在某些事務的專業熟悉度並不遜色於主任，加上校長通常也擁有豐富的學、經歷，所以很難改變他對既有事情的想法，除非遇到特殊

情況，才會讓校長改變。這也代表，在領導的過程中，一個好的領導者會去思考，如何破除既有僵化的體制，並將強調上下階層關係的金字塔結構拉成扁平化，讓內部除了向下、平行互動之外，也能兼顧組織成員的向上溝通，讓彼此之間的影響，達到最佳的模式。

■ 領導者 —— 相信你的團隊

我認為，領導者必須具有一些基本特質與風範，建立溝通機制與平台，才能讓部屬願意表達意見、榮辱與共，一起為組織的願景與目標努力。然而，「向上領導」要做到不流於口號形式，最重要的是，領導者要「相信你的團隊」，要打造一個有信任感的團隊，以下提出幾個重要的原則供參考：

一、用人不疑、疑人不用

領導者應秉持「用人不疑、疑人不用」的原則，在領導過程中多留給部屬發揮的空間，不要刻意侷限員工的發展，對所僱用人員的能力要有信心，因每位員工都會希望看到組織是愈來愈好，且蓬勃發展的。

二、建立機制、激勵成員

組織成員通常都固守於各自的領域職掌及工作崗位上，多少會有本位主義，視野也會侷限，因此，組織應鼓勵員工多交流、分享，勇於表達意見。為讓成員有影響組織發展及決策的機會，組織可建立

類似「集智平台」機制，提供員工參與機會，帶動彼此專業對話，並有效在對話中創造新的可能性，甚至為組織未來發展找到新的行動契機。

三、聆聽的雅量

主管對同仁所提的任何意見，不論成熟與否，都應持正面的態度，並適時的回應。不成熟的意見可能是因為所關注的角度不同，主管應正面看待；成熟者則俟機應用，對組織可能會有意想不到的效果。

四、富有想像力

主管要富有想像力、保有好奇心，或帶有些許的異想天開，帶動成員一起發想新奇點子、創新特色。我覺得，一位令人欣賞的領導者，應具有「**熱情、自信、富有想像力**」等 3 種特質。「熱情」是帶給人溫暖及動力，且易於親近；「自信」能賦予共事者信賴及信心；「富有想像力」會經常導入新穎及有趣的點子，將民眾的需求反映到工作上，打造活潑又富生命力的優質組織。

■ 部屬 —— 提供建設性意見

「向上領導」要達到良性的互動，身為部屬也必須積極學習、主動參與，保持靈敏度，注意各項細節。只要是為了組織好，都願意把意見反映給領導者，影響領導者的決策與作為。亦即，在有利於組織發展的前提下，勇於建言，提供建議。當然，向上去影響領導者，也

應拿捏分寸，注意適宜及中肯，以下提供一些原則供大家參考：

一、提供建設性意見

應提供具建設性的意見或言論，才會受到重視及信任。屏除部屬個人的問題，多方思考，力求周延，能看見問題所在，並針對問題，提出適合的解決策略。

二、掌握客觀事實

應進行組織的 SWOT 分析，了解組織現況，掌握組織近 3 年的 KPI 或重要數據，融入這些客觀資料做比較分析，以反映市場需求、了解社會趨勢，並同時符合組織的發展方向，如此所提出的的意見或看法，才不會偏頗，才能具有說服力。

三、主動參與

有機會應主動參與各種團隊會議、單位活動、行政會議，以培養對組織多方議題的了解與掌握，增益多元思考的周延性及細膩性。

四、跨域學習

除本職專長外，要更積極的進行跨領域專長學習，亦即，學習與職能有關的第二、第三專長，才能為組織帶來複利效應，創造自己在組織中的被需求感及被依賴感。

領導，是一種權力，也是一種科學與藝術，更是一種話語權，掌握在組織平台上談話的權力。

混沌領導

　　學校是一個看似靜態，實則爲不斷改變的動態結構，尤其在變幻無常的網路時代下，學校更是處於非線性的複雜系統當中，系統內外的人、事、物，隨時變動，隨時對學校有所影響。因此，系統中的成員，尤其是領導者，必須要有因應的智慧及敏銳度，掌控系統的變化及發展，留意事情發生背後所隱藏的各種訊息，以避免學校朝向一個混亂及不可預期的狀態，我稱之爲「混沌領導」。

混沌理論的主張

　　混沌理論是一個研究複雜現象的分析方法，其中心假設在於「蝴蝶效應」（butterfly effect），如同一句名言所說，「巴西的蝴蝶展翅，德州就會颳颶風。」巴西與德州就位置而言，雖非地球的兩端，但也有相當的距離；而蝴蝶展翅之於颶風，就更耐人尋味了。因此，混沌理論告訴我們，兩個看似細微、無關的事件，經中間過程的演變，有可能造成無法預料的結果，透露了隱藏在系統行爲下的複雜

性、隨機性與敏感度。我進一步針對混沌理論的特性說明如下：

一、系統是動態的、非線性的

混沌理論認為系統是一開放結構，隨著內部能量的消長，必須隨時與外部交會才能維持系統平衡，並產生新型態。線性關係通常被視為常態，混沌理論卻主張「非線性」才是自然和社會的常態。

二、混沌系統對初始條件的高度敏感

混沌系統對初始條件極為敏感，一個細微的改變，可能會造成系統全然不同的走向，因此即使初始狀態極為相似，系統也不見得會有類似的發展脈絡，正所謂「差之毫釐，失之千里」。

三、對結果預測力的有限

混沌系統之所以難以預測與不可捉摸，實因系統中存在許多「奇特吸引子」，這些奇特吸引子的走向不定、性質複雜。因為奇特吸引子影響系統的走向，使得對結果的預測力受到限制。

四、強調細微行為的影響力

混沌系統呈現非線性的特質，因此看似細微的行為，經由中間過程的轉化，都有可能發展成極大的事件。因此，不管事件的大小，都應給予同等的注意，任何現象都不應被捨棄，因其均代表某種意義，故而不應忽略任一現象，才能一窺系統的全貌。

混沌理論在校務領導的運用

臺灣近年來有不少學校將混沌理論運用在教育上的不同領域，並有相當的成果，例如領導與學校革新。我更從教育實務經驗當中，整理出幾項可以應用在校務領導的重點，供大家參考：

一、在動力系統中，校長應抱持開放的胸襟，廣納各方意見

在開放的動力系統中，成員間屬於相互依存的關係，互相影響，校長權力的運作對其動力的觸發有一定的影響。因之，校長應該要重視與學校每一位成員，包括教師、職員、家長、學生、社區人士、教育局主管等的互動。另外，每一個成員或次級團體所釋放出的意見或壓力，也應予以重視。

二、校長須視情境適時轉換權力角色，以提升校務領導的品質

教師法頒布後，學校依法得設置教師評審委員會，許多校長卻認為教師評審委員會剝奪了其原有的權力，兩造於是處於不和諧的狀態，殊不知這種不和諧會形成校務領導的阻礙。其實，在教師評審委員會中，校長只是當然委員，其所扮演的角色是一參與者，是「委員」而不是「校長」，其應適時轉換權力的行使方式及運用不同的權力基礎。

三、對於校務規劃應掌握各種資訊，善用非正式組織

學校主任是校長的左右手，通常也是校長與教師溝通的橋梁，透過主任，可以讓校長知道教師對學校政策的反應與想法。因此，校長在進行校務規劃時應廣納各處室主任的意見、了解學校成員的意見，做好品管的過程，才能讓計畫順利推動。

四、妥善運用行政溝通，將不確定因子的影響降到最低

學校行政工作時常面臨一些無法掌握的情況，均會影響學校行政的運作。學校行政最重要的工作，其實就是在解決不確定性及無法預期事件的管理，若沒有建立一個學校行政溝通機制，及時妥善處理所發生的不確定事件，領導者將無法掌握不確定因子所造成的衝擊，如此，恐會花許多時間來善後，這樣對學校其他工作定會有所耽誤，造成領導效能的低落。

五、重視危機處理，做最壞的打算

所謂的危機處理，就是做最壞的打算，要預想事情最壞的情況來加以因應。危機處理的時候切勿心存僥倖，一旦情勢發展急轉直下，常會導致難以收拾的局面，所以，在遇到校園危機事件的時候，要謹慎的做出各種最壞狀況的因應策略。

六、重視行政運作的回饋機制，減少校務推動的阻力及獲得認同與資源

　　學校辦學需要社區大眾及學校成員的支持，因此對於學區家長的教育選擇與需求，以及學校成員的建言和要求，均應納為學校行政決策的重要參據。先釋出善意、協助教師專業成長、積極展現提升社區整體發展的規劃，給予學校成員明確的願景，帶領社區文教環境的發展，建立良好的互動關係，自然就容易獲得認同與支持，將來對校務的推動及資源的爭取，也有正面幫助。

　　現代教育環境變遷之快速，存在於學校的混沌現象是必然的現象，因此領導者應對系統中的每一項人、事、物，都要保持高度的敏銳度與覺察度，並隨時透過彈性機制，適時引入有利學校的資源，讓學校獲得內部力量和外在資源；隨時掌握學校每件非線性發生的事件，在混亂無序中爬梳有跡可循的規律，亦即「尋找奇特吸引子」，進一步創造有利學校發展的新契機。

以故事領導來打動人心

　　最近看到新聞報導，臺南市三村國小黃俊傑校長在辦學時，善用說故事來帶動學校氛圍，被教育部遴選為教育家典範人物。這位「說故事校長」非常難能可貴，在繁雜的行政校務之外，還願意花時間說故事，把他想對學生說的話，融入故事裡，說給學生聽，以另類的方式傳達他的教育理念給學生，引導孩子向上 / 善。這些故事內容通常都很有梗，結局能夠引發孩子們思考，甚至帶領孩子進行故事的接龍遊戲，以培養創造力，學生們都非常喜歡。

■ 故事領導，有效傳達價值理念

　　上述的領導風格，事實上就是新興領導理論中的「故事領導」。所指的就是，領導者在進行領導作為時，透過創作、敘說、傳播、分享和領導情境相關的領導故事，甚至可以透過網路直播去做更直接的故事行銷。善用故事及領導的關聯性，來企圖對部屬發揮影響力，並傳遞相關訊息與價值觀。

　　在學校的作為上，透過故事領導，可以激勵師生的士氣，幫助老師對事件做反思及回憶，進而精進行政及教學專業；同時也可以增進學校老師間的認同感，並提升彼此的正向關係，強化內在價值，引發行動力；更能夠透過故事領導來分享知識、傳達價值與擘劃願景。

■ 賦予事件生命，轉化為一個「故事」

　　「先說故事，再講道理。」在組織的經營過程中，為了有效傳達組織的願景或價值，「故事領導」是一項非常有效且重要的宣傳方式。「故事領導」可將其組織文化、傳統特色，以及好的內涵，串聯成一個故事，對外說明，比較能夠讓民眾發自內心地理解、有更深刻的印象，並激起興趣、受到感動，才不會流於一般形式化的政令宣導或政策說明。

　　例如我擔任館長之初，原先只有一台運書機器人「波比」，我思考到身為一所數位圖書館，應該要走在資訊的最前端，透過 AI 讓服務更活化，所以請同仁開發更多功能的機器人。因此，我們開始先後引進了可同時手舞足蹈的說故事機器人 NAO，具說故事、學英語功能的陪伴型機器人「凱比」，以及具推薦好書、服務導覽、人臉辨識與對話功能的服務型機器人「酷比」。透過 AI 做更多元、活潑的學習及推廣，也發展出符合時代趨勢，像 Siri 一樣有語言學習、程式學習的互動功能。

　　「有故事，才能打動人心」，機器人成為我們館內很受歡迎的一個亮點，為了將這個好的品牌分享出去，讓這些智慧型機器人能夠引

起外界的注意，我們依照機器人引進的時間順序分別賦予品牌名稱，創造出所謂的第一代、第二代、第三代的品牌故事，並辦理一場記者會，安排機器人三代同堂。在這個過程中，我們賦予每一代機器人特殊的生命故事，甚至連名字的命名，也深具故事性。「酷比」機器人的名字源自於"Could be"，取直譯「酷斃」的諧音，原意是一種「無限可能」的意思，意圖從教育出發，透過教育為孩子開啟「無限的可能」，也獲得媒體很大的迴響。

■ 有故事才是王道，讓我們共創故事品牌

組織中無論何種語言，最有力道的一句話就是：「讓我告訴你一個故事。」說出一個好故事，大家都會跟你走。但我發現目前在教育單位，基本上都是講現成的故事，可能是領導者本身的故事，或是親師生、員工的故事，普遍比較缺乏的，是成員共創的組織故事。其實，真正的「故事領導」，應該是校長帶著老師，一起針對學校的典故、文化或特色，從發想、討論、形塑，到創作故事，由點到線、再到面，所有老師共同參與，這樣的故事才是具有團隊凝聚力的故事，才會讓人感覺心有所屬、有共同默契和認同感，成員才會願意不斷的把故事分享出去，才能更進一步做到口碑行銷。

學校專業領導的理念及實踐

現在的社會愈來愈強調專業工作的重要性，高度專業化已成為現代社會的主要特徵。教育原即是一種專業，校長領導亦是一種高度專業化的領導行為。學校經營績效實繫於校長的專業能力，只有培育出好校長才能營造出好學校，幫助校長成為一位專家校長，才能引領學校卓越發展。

校長專業領導必備之能力

校長專業領導強調校長必須具備責任及使命感，並以高道德標準自我要求，秉持謙沖的個性及對專業的堅持，運用專業能力來治理學校，促使學校教育正常發展，以及提升學校競爭力。進一步分析校長必備的幾個專業能力：

一、政策執行能力

解讀政策內容、規劃政策執行、控管執行進度，與評鑑執行績效的能力。

二、行政管理能力

能積極有效運用學校財務與設備資源；能建立適切行政程序，提升行政效率；能實施有效的危機處理機制。

三、公共關係能力

建立學校與家長、社區密切關係；塑造學校優質形象，善用傳播媒體；維持與社會相關機構良好互動關係；建構校際合作夥伴關係。

四、人力資源發展能力

能健全人事制度，有效運用人力資源，協助學校成員專業發展。

五、教學領導能力

領導教師教學、課程發展的能力，以及輔導教師教學、協助教師專業成長的能力。

六、行動研究能力

具備行動研究的能力，以洞察教學現場或學校管理的問題，並能進行行動研究，以解決問題。

七、持續改善的能力

持續改善是一種能力，也是一種意願與行動策略，能夠讓學校辦學「好還要更好」，校長對於任何能讓學校辦學績效提升的策略，永不止息的思考、嘗試與改進。

八、「再學習」的能力

「再學習」對專業人員而言是相當重要的能力，校長必須有再學習的能力，才能與時俱進，在變化快速的環境中，不被淘汰又能改善辦學績效。例如同一期受訓的校長，可以建置學習網站、成立讀書會、進行校務領導心得分享等活動，在受訓結束之後仍能繼續維持專業成長的對話，相信對校長人才培育有長足的影響。

治校應有的專業價值觀

教育的目的在於「培育健全的國民、發展適性教育、帶好每一位學生」，而要如何達成教育目的，我想分享一些實際的作法與想法如下：

一、以適性教育讓每個孩子都進步

國家需要人才，人才培育得靠教育。教育不能放棄任何一位孩子，要適性而教，引導孩子與自己競賽，讓他們都看到自己的進步。學校應該要成為讓每一位孩子成功的園地，而不是挫折累累的地方，教育人員必須引導孩子向上、向善發展。

二、培養孩子「在地全球化、全球在地化」的視野

　　全球在地化為英文 glocalisation（或 glocalization）的中譯，是全球化（globalization）與在地化（localization）兩字的結合。意思是指個人、團體、公司、組織、單位與社群同時擁有「思考全球化、行動在地化」的意願與能力，也就是在普世價值、全球視野下，地方文化仍然能夠彰顯其特色。在地全球化（loglobalization）是指每一個國家或地區，在資訊網絡發達的年代，都無可避免地受全球化之波及、影響，例如臺灣為發展經貿關係而加入 WTO 等。而學校應該要在本土化、鄉土化的培養之外，也讓學生能有國際視野，也就是本土要與國際接軌。

三、以生活教育為主軸，融合新興教育議題

　　生活教育是一切教育的根本，生活教育是一個上位概念，無法單獨實施，須整合各項教育議題如環境教育、性別平等教育、生命教育、人權教育、品格教育等，以做為生活教育推動的重點項目。以生活教育為主軸，融合新課程培養孩子自治、自律的良好生活態度，透過長期推動、耳提面命，從要求當中建立習慣，久而久之就變成生活的態度。

四、兼顧傳承與創新，發展優質校園文化

　　校長辦學須在既有的基礎及條件上發揮創意與巧思，對已具成效的教育特色及優質的校園文化傳統等，積極整合校內外教育資源及注入各項教育元素，應用適當科技及技術方法，以活化學校教育及提升

效能。校長應扮演知識領導的 CEO，應將參加校長遴選時的治校理念在校園中具體實踐，並應與時俱進，將新的觀念、新的價值，帶入學校與同仁分享，扮演知識火車頭的角色，建構學校成為學習型組織，進而致力達成知識創新型的學校團隊。

五、培養孩子「3e」，豐富孩子的內在財富

所謂的 3e 係指 enrich、enable 與 empower，我們要豐富孩子的學習經驗，增強孩子的學習方法，並激發其內在學習動力。聯合國教科文組織提出：學習是孩子內在的財富，我們要透過教育引導孩子學習如何學習，讓孩子懂得學習的方法，引導孩子主動追求新知的能力，進而豐富孩子內在的財富及提升孩子基本素養。

六、積極面對不可逆的教育趨勢，適當調整步伐

面對人口結構「少子化」、「高齡化」、「異質化」（多元族群與新住民人口增加）及「網際網路化」等不可逆的教育新趨勢，校長須積極因應，為之適當調整辦學內容。

七、堅持教育理念，同時兼顧法理情

校長辦學要以「合法為本」，並兼顧「情理」，力求面面俱到，理直氣和，以誠懇、謙卑的態度面對社區及家長，在和諧之下，依法行政，堅持理念，必要時還得兼顧情理。

八、推動教育八零，建構友善校園

　　教育政策八個零爲「零體罰」、「零拒絕」、「零霸凌」、「零歧視」、「零汙染」、「零障礙」、「零中輟」與「零限制」。是指不能體罰孩子；不能拒絕任何孩子；不能容忍校園霸凌；不能有差別待遇；不能有毒品、色情、幫派入侵校園；要有無障礙環境；一個孩子都不能少；最少的限制，最大的彈性。以八零政策打造安全、健康、和諧的優質校園。

■ 以校長專業領導建構理想的學校圖像

　　校長專業領導可以發展學校特色，提升學校形象，也可以創造學校的價值，進而建構理想的學校圖像，進一步描繪如下：

一、展現學校生命力

　　學校教育的核心價值是人文關懷及永續發展，學校組織更是一個充滿生命力的有機體，需要系統性及持續性的專業發展與成長，因此學校應結合親師生共同合作，凝聚學校行政、教師、以及家長組織的力量，同時整合校內外資源，以提升行政與管理效能，展現學校旺盛的生命活力。有效能的學校不會顯得死氣沉沉、了無生趣，而應是呈現出具有在地特色的品牌學校，且是一個具有「好上加好、精益求精」及永續發展生命力的學校。

二、創造學校吸引力

　　教育市場化下，學校面臨家長教育選擇權的考驗，學校須秉持創新經營理念，創造極具特色的吸引力，來提升學校能見度，以及增加家長對學校的信任感。所謂奇特吸引力，是某些元素或力量浮現出來，成為一個中心的元素，讓其他組成元素環繞著它來運轉與循環。在學校經營層面，則必須找出一個主要能吸引眾人注意的特點，運用創新經營的技巧，形塑優質的組織文化，以展現學校獨特的風格，讓眾人感受到這所學校與眾不同之處，是一個異於他校的卓越學校。

三、建立學校學習力

　　學校教育要獲得眾人認同，必須要有競爭力與績效，其成功之道，更取決於學校同仁的凝聚力及向心力，因此，學校應是一個學習型組織，以自我超越、改善心智模式、團隊學習、系統思考、建立共同願景等五項修練，來重塑學校成員新價值、新觀念和組織文化，提升學校的適應力和效能，以建構深具學習力的學習型學校。

■ 專業領導從心做起

　　「態度決定高度，格局決定結局」，校長專業領導的成功，繫於「觀念」的改變，也就是要以改變人的觀念為首要。所謂智者遇到危機是看到機會，愚者遇到危機等於是碰到擺脫不掉的夢魘，成功與失敗往往就在每一個轉折點拉開距離。所以，校長專業領導要從心態的改變及觀念的調整做起，改善成員的心智模式，展現教育生命力，許每一位學生一個美好的未來。

以創新領導建構卓越學校

> 當你開始對自己有天馬行空的期待時，才可能創造出最不凡
> 的成就。 ～羅夫‧契洛（Ralph Charell）

> 人類可以給彼此最大的禮物，就是幫助對方預見自己可達成
> 的成就。 ～安‧蘭德（Ayn Rand）

　　人在生活或組織當中，必須要懂得不斷地創新，才會有好的發展、美好的未來；一個領導者最偉大之處，就是懂得成就他人，當員工最好的啦啦隊。上述的說明所代表的，就是「創新領導」的內涵。在現代的組織當中，懂得「創新領導」，是一個領導者非常重要的修練。

創新領導

一、創新

根據《韋氏字典》的解釋，創新（innovation）的定義指的是一種新觀念、新方法或新奇的事物。創新一詞英文的字義，是改變（make changes）或引進新事物（introduce new things）的意思。創新對組織而言，代表的是一種嶄新的意思，並且是一種全新的構想，也就是說，任何新的觀念、方法或策略，就是「創新」。因此，「創新」是屬於觀念性的，也是認知性的，具有投入與產出的關係；凡個人或組織，能發揮點子（idea），加上實用化的過程，除了可以創造出能滿足「顧客感受到的高價值」，提升組織競爭力，更能讓組織得以永續發展。

二、領導

要有好的領導力，必須不斷地學習，因此，領導力和學習，皆是不可或缺的。好的領導者，就是能使別人做他們不願意做的事，並且能夠引導他們同心合意、團隊合作、樂在其中的去做事情。具體而言，領導者就是引導成員積極向上的學習，以及成為正向支持的原動力。

創新領導的策略

　　就學校教育生態而言，創新領導要轉換爲具體的行動，涉及到資源的投入，以及學生學習的輸出，尤其是在學生活動、教師專業、行政管理、課程教學、校園環境等面向，注入創新的元素，整合各項資源，善用行銷策略，建構優質的學校文化，以及正向積極的溝通管道，以提升學校競爭力及形塑學校特色、形象。惟如何運用創新領導的經營策略，引進各項資源的運用，以及產出學生學習成就的創新，其具體的作法如下：

一、成立卓越創新推動小組，統籌規劃及整合跨單位工作。
二、進行標竿學校觀摩學習，建構知識共享與創價文化。
三、善用經營策略尋找學校新亮點，透過行銷吸引目光及獲取認同。
四、引導教師普遍參與行動團隊，激發創新意願及實踐共同願景。
五、營造創新經營的工作環境，鼓勵成員提出創意點子。
六、建置及善用學校人才庫，結合並充分運用產、官、學資源。
七、做好目標、形象及績效管理，以回饋及評估機制來持續精進。

卓越創新學校的發展歷程

　　行銷策略其實存在於學校發展的各個層面，學校應隨時結合校內外各項資源，適時行銷，讓家長及學生滿意。而各校雖然有著不同的特色，但仍必須持續精進，才有可能形成有特色的學校，進而建立品牌，塑造學校整體外在形象。優質品牌一旦建立，便可對學校產生教

育附加價值，並且深入人心，有效提升學校能見度。上述卓越創新學校的發展歷程，進一步分析如下：

一、學校特色

指學校能整合校內外各項資源，並參酌學校本身的條件、地區特性、師資專長、學校規模等，發展學校優勢，顯現出與其他學校不同之特色。

二、特色學校

擴大學校現有空間效益，並結合各地特色環境、文化等資源，提供學生優質化、多元化、豐富化的課程發展素材，除可使學生受益外，更可展現學校本身所存在的價值及生命力。

三、學校品牌

品牌也是學校的代名詞，指學校所給人的深刻印象，可能是在某一方面或某幾個面向有著傑出的表現，並可獲得學校家長及社區的高度肯定。

四、形象價值學校

源自於企業形象，一般可解釋為對於某所學校所產生的主觀印象，且一旦形成便難以改變。

■ 建構創新領導的卓越學校

　　過去我擔任南投縣教育局長／處長的期間，當時領導全縣提出了
「讓每一個孩子都看得到進步」的教育目標及願景，讓每一個學校及
教育工作者，都有具體的教育目標可以依循。為了達到這個教育的
圖像，必須要不斷地引進社會及企業資源，運用創新的策略，注入企
業經營管理的哲學及作為，同時組織各種專業學習社群，打造南投縣
教育合作正向積極的團隊，一起建構創新經營的學校，讓「校校有特
色、生生有希望、行行出狀元」的教育理想，能夠實踐。

　　為了讓大家可以達成目標，在教育願景實踐之下，我們又提出了
12 項行動方針，請各校將這 12 項方針列入校務發展計畫，積極推
動，以展現成效，讓老師的教學更專業，讓學生的學習更有成效，也
期待透過這樣的目標、願景、方針，讓每個學校都能夠打造自己獨特
的專屬品牌。學校在塑造品牌的定位過程中，可以配合政府的政策推
動品牌特色、與非營利組織合作發展品牌特色，也可以依學校建築景
觀環境、自身條件等，自行發展品牌特色，讓校校有品牌。

　　創新領導最重要的就是要懂得如何去執行，執行力就是一種競爭力，在執行過程中必須要強調紀律、決心，同時要形塑執行文化的氛圍，更重要的是，要 **Make it happen**（成功實現）、**Make a difference**（發揮影響力），創造不一樣的學校。

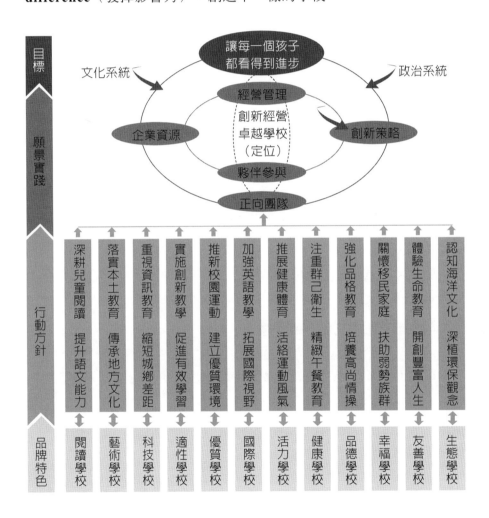

學務創新經營

　　教育不只是一種責任及使命，更是一項志業，在面對學務工作的繁複、多樣且不確定的情況之下，學務的經營除了要有堅定的信念、擘劃學務工作的願景，還要能放下身段，與學生、教師、家長、社區打成一片。為促使學務工作能帶動學校永續發展，且從普及到深化，讓每個孩子都成功，我認為可以「正向領導」來引領新時代學生事務團隊的發展，提高學務組織及其成員之成就，並建立學務共同願景。

學務創新的定位與價值

　　學校面對社會變遷與教育革新，學務主管更應扮演好領導者的角色，規劃正向的學務理念來引導校務正常發展。我在擔任司長時，曾提出「一價值、二原則、三願景、四方向、五方針」之學務創新作為，做為學校學務工作之參考。

一、學務創新的核心價值：讓每個學生都進步，找到學習的快樂

學務工作的核心價值在於讓學生發現、找到、看見自己的優勢能力，並且幫助每一位學生向上、向善發展。學習是學生最重要的任務，而幫助學生快樂學習則是教師的責任，要如何讓學生快樂學習，就要幫助學生「找到學習的快樂」，讓學生願意學習並樂在其中，進而內化為終身學習的行動力。

二、學務創新的二項原則：激發孩子多元潛能、引導孩子適性發展

學務工作是以學生為主體的中心概念去開展，所以重視每位學生不同興趣及學習方法，採用多元參與體驗的策略，協助學生找尋適合自己個性和興趣的志向，並運用有效學習策略，以激發學生的多元潛能與專長。

三、共創學務的三大教育願景

學務工作是教育事務的基礎，學務創新思維除秉持一個核心價值及二項原則之哲學思維外，更需要形塑其教育願景，做為學務教育政策重要的指引。學務創新的教育願景奠基於 Maslow 的需求層次論：「生理需求」、「安全需求」、「愛與隸屬需求」、「自尊需求」與「自我實現需求」，建構以下教育願景：

(一) 營造健康、友善、安全之優質校園環境

以八零政策打造「健康」、「友善」、「安全」的優質校園環境，讓學生處在「零體罰」、「零拒絕」、「零霸凌」、「零歧視」、「零汙染」、「零障礙」、「零中輟」、與「零限制」的優質學習環境。

(二) 培養良好的公民

鼓勵學生透過不同服務學習機會，來提升公民素養，進而成為有品德、重感恩、富教養的良好公民。

(三) 促進學生自我實現

在擴展人際關係與服務學習歷程中，讓學生藉由與不同的人事物接觸，獲得自我價值和成就感，並願意力行服務與奉獻，進而達到自我實現的目標。

四、學務創新的四大重點方向

基於前述學務創新的哲學思維及願景，擬定學務創新的四大方向，期望在既有的基礎之下，能更強化學務創新的政策論述。

(一) 推動服務學習，培養學生公民意識及責任

推動服務學習能促進學生的社會與公民責任、在真實生活情境的學習能力、提升學生畢業後在職場上的軟實力，以及尊重、包容及正向思考的態度和行動力。

(二) 落實學生輔導，引導適性及全人教育

以學生為主體，引導學生適性發展。學務創新要健全學生輔導三級體制，達成促進學生全人發展、自我實現、學習效能、生涯發展及社會適應的目標。

(三) 營造健康安全校園，讓學生安心就學

維護校園安全一向為學務工作首要課題，學務創新必須保障學生受教權益、創造優質學習環境、加強各級學校校園安全應變處理機制、保護高關懷學生，以及加強學生校外生活輔導。

(四) 關懷及維護特教生權益，建構支持系統

在不能放棄任何一個孩子的教育愛基礎之下，學務創新強調維護身心障礙學生平等受教權及學習權，並建立個別化支持服務和統合資源，使其充分發展身心潛能，培養健全人格，增進服務社會能力。

五、學務創新的五項推動方針

政府組織改造前，學務工作隸屬於不同單位執行，組織改造之後，學生事務已整併歸納到教育部學務特教司。為整合此龐雜業務，學務創新具體提出以服務學生為目的、有機整合為目標、行政支援為主軸、策略聯盟為手段、安全和諧為優先的五項推動方針，做為引領大專校院學務創新工作推展更精進且有效率的執行。

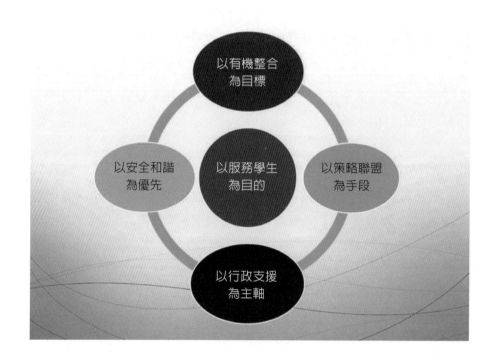

(一) 以服務學生爲目的

　　學務創新首重以服務學生爲目的，因教育主體爲學生，學生在校園內所面臨的生活、課業、情感、經濟、安全等議題，皆爲學務的工作。服務是學務夥伴發揮互助合作的團隊精神，也是陶冶學生品格、尊重他人、正向思考的重要指標。藉由學務服務來改變教師、學生與同仁的疏離關係，使其成爲彼此互相學習的夥伴。

(二) 以有機整合爲目標

　　創新是組織永續發展的重要關鍵，學務業務相當龐雜與多樣，唯有透過有機整合的概念，才能在組織內、外部形成有效的支援網絡，

學生事務相關議題逐能藉由橫向溝通和協調，以及縱向連繫和傳達訊息，達到集思廣益且迅速提出解決策略之效，也才足以回應社會各界對改組後學務工作的期待。

(三) 以行政支援為主軸

學務工作並非一個單位的事，而是需要大家共同合作、群策群力方能完成的一項志業。行政團隊的支援是學務工作運作順暢的關鍵，只有統籌行政支援的力量，才能在第一時間找到解決問題的關鍵，並讓組織內同仁在團隊的努力和支持下，持續保有熱情助人的向心力。因此，行政支援是學務創新不可或缺的支柱。

(四) 以策略聯盟為手段

學務工作的執行無法立刻見到效果，它需要與不同組織之間的跨部門且長期的攜手合作，並藉由策略聯盟的方式和腦力激盪來產生的創見，共謀解決問題之道，如此才能看到成效。如此，學務工作才能長期經營，激發更多學務創新的思維和作法，讓校際資源能有效發揮最大的價值。

(五) 以安全和諧為優先

維護學生校園安全是學務第一樞紐，要讓學生安心就學、快樂學習，必須營造良好的校園生活學習環境。學校建立支持網絡，彼此互相合作，強化辨識及預防作為，協助學生解決在校問題，落實追蹤輔導機制，健全學生身心發展，以建構健康、安全、友善之校園。

■ 學務是五心級的工作

　　我一直在倡導學務創新「五心」：**有心、用心、愛心、耐心與細心**，來做好每一份工作、解決每一個問題、滿足每一項需求與服務每一位學生，透過團隊成員**共知、共識、共享、共好與共創**的「五共」學務歷程，來持續推展與深化學務創新。「心之所向，身之所往」，內心所嚮往的、所想達到的目標，行為自然會朝向該目標前進。學務創新要從心態的改變及觀念的調整做起，改善成員心智模式，建立學務團隊共知、共識，營造正向領導的組織文化，展現學務生命力，幫助每一位學生都找到學習的快樂，擁有一個美好的未來！

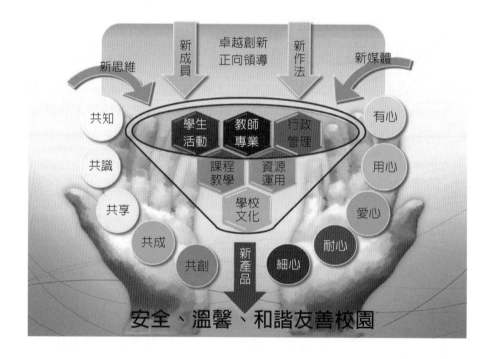

創造教育幸福

　　領導者要能通觀全局、洞察先機，提出清晰而具說服力的願景，在「不變」的基礎上，做出改變，從激起自己內心的火花開始，擘劃未來藍圖，遠見加上創見，開啟機關的創新價值。本著這樣的體認，我在南投縣擔任教育局長時，提出「讓每個孩子都看得到進步」，在教育部擔任司長時提出「營造安全、健康、和諧的友善校園」。願景有一定的理想與高度，但絕非遙不可及，才不致淪為口號。有了定位，接著便是凝聚共識，激發同仁的使命感，維持密切溝通，規則要有彈性，才能發揮前進「藍海」的潛力，以完善的計畫及高效的執行力，共同實踐願景。

以閱讀提升幸福感

　　領導者很重要的 2 件事，就是要有願景、理想，以及給成員目標、方向。所以我將國資圖定位為「幸福館」，提出一個願景、二項價值、三種思維、四大使命、五大共同信念，給同仁很清晰、明確的

藍圖，讓成員有所依循，打造國資圖成為家庭、工作之外，令人嚮往的「第三生活空間」。這個空間能讓人感受到深度、廣度、力度，和幸福的溫度，這是為民服務的核心價值，需要不斷地付出與累積，才能成就如此的理想，而我總是不斷地鼓舞工作團隊，用最佳態度實踐這一切。

信念加持下的「不斷電系統」

「今天你閱讀了嗎？」是我在每個公開場合的開場問候語，就像臺灣人習慣用「呷飽未？」打招呼一般，我希望閱讀也能像吃飯般，成為生活日常，像享受美食般帶來滿足感。我的理想願景是「以閱讀提升幸福感」，讓人保持「可以更好」的態度，在這個信念的加持下，機關啟動「不斷電系統」，集眾人之力，讓源源不絕的能量，在整合創新下，將價值極大化，茲進一步說明如下：

一、一個願景：以閱讀提升幸福感

素養教育與終身學習，是公共圖書館肩負的使命，從「提升閱讀的幸福感」出發，打造一個有質感且溫馨的空間，營造美好的氛圍，進而達成「以閱讀提升幸福感」的終極目標，從基本的感官需求，到高層次的心靈滿足，擦亮「幸福館」的招牌。

二、二項價值：以人為本、分齡分眾

秉持為民服務的態度，以讀者為導向、分齡分眾的客製化服務，定位各樓層功能，涵蓋全人的終身學習，滿足讀者在每個階段所需，面面俱到的完善考量，發揮場域的最大效能與價值。

三、三種思維：傳承、整合、創新

為經營管理的三個核心理念，傳承、整合既有的基礎面占80%，創新求變占 20%，在堅實的基礎上傳承經驗，也能與時俱進地突破創新。西洋有句諺語：「Slow down, move fast.」在審慎思考中整合，穩健地讓下階段快步成長茁壯。

四、四大使命：閱讀、探索、休閒、終身學習

國資圖的四大使命為閱讀（Reading）、探索（Explore）、休閒（recreAtion）及終身學習（Learning），也就是「REAL library」，以國家級的視野、在地化的服務，創造公共價值，成為提供多重體驗，充滿魅力、人性化的幸福空間。

五、五大共同信念：共知、共識、共享、共成、共創

信念是一股無形的力量，支撐著理想，我常期勉同仁本著「五共」的信念，並存著「五心」——有心、用心、愛心、耐心、細心，去完成心中的信念，保持挑戰現狀的動力，互利互惠、共同成長，團隊的成就，亦是個人職涯的肯定。

■「幸福感」的元素與作為

「以閱讀提升幸福感」的願景，從「庶民教育」的觀點上，展現出社會、文化、在地與參與等四種特性，關照當下的全民需求與文化脈絡，創造出貼近民意的學習場域，用「同理心」打動讀者，從點擴大為線，再普及於面，從小確幸累積到全民認同的幸福感，對內形成一種工作上的文化氛圍；對外則是符應多元包容的社會需求，以生活化、簡單化、需求化、有效化的四大原則服務群眾。

教育幸福感必須從自身做起，透過內在動能，形成良善的組織文化。我認為成員要有四個內在動能，才能凝聚組織的承諾感，對內四大元素說明如下：

一、工作成就感

把工作當成「事業」，會提升個人的責任與使命感。有研究顯示，當人從工作中獲得滿足與成就時，會產生一股「心流」，即使只有短短的數分鐘，卻會帶來無比的暢快，成為努力不懈的動力，甚至因此將工作視為「志業」，賦予非凡的意義。

二、開心

幸福感的英文為 happiness，亦即開心、快樂的意思。找到能盡情發揮優勢的工作，才能傾注熱情，跟對的人做對的事，抱持積極正面的心態，自然而然能從工作中得到美好的反饋，形成良性循環。

三、提升正能量

《祕密》這本書一直是圖書館借閱排行榜上的熱門書，書中強調的「吸引力法則」，就是要我們用正向思考，找到生命的價值，提升正能量。「想遇見幸福，就要努力追尋。」專注於正面思想，會在不知不覺中導正自我行為，影響個人的健康、成就與人際關係。

四、家

努力營造圖書館成為工作、家庭以外的第三生活空間。舒適的硬體、貼心的服務，圖書館能充分滿足學習素養、輕鬆休閒，和美感體驗等各項需求，是能淨化人心、舒壓的避風港，打造成為讀者理想中的第二個「家」。

從上述的四大元素出發，本著為民服務的精神，在業務推展上，致力於以下對外的四大作為：

一、提升民眾幸福指數

透過行銷策略和創意思考，讓民眾感受到組織價值，例如：「育兒 BOOK 夢──全國公共圖書館巡迴展」，即是因應少子化的創新服務，將育兒主題書打包，主動巡迴全國各公圖，擴大服務層面，提升地方民眾的幸福感。

二、提升實體及數位資源館藏量和豐富度

「實體資源」不僅要提升館藏量，並優化空間，質量並重；「數位資源」則是與時俱進融入科技、E 化服務的快捷便利，呼應館名「資訊」二字，創造與其他館所的差異性。

三、積極與同業及異業擴大結盟

以多角化的經營概念，結合外部資源，透過人力、物力、財力、專業知識及組織關係等五大面向，以互惠的模式，讓資源得以整合，拓展夥伴關係來行銷圖書館，創造政府機關與民間機構雙贏局面，以最少的成本獲得最大效益，讓閱讀觸角得以延伸擴展至社會各層面。

四、具備在地思維

因為中央與地方單位為夥伴關係，我們身為國立館更要「接地氣」，與地方互惠互助，例如配合臺中花博舉辦花卉主題書展，第一時間掌握在地元素，適時轉化在為民服務及行銷策略的作為上，讓「人進得來、書出得去」，幸福閱讀就來了！

■ 幸福感，是人生的最終目標

哈佛大學塔爾・班夏哈（Tal Ben-Shahar）教授提出：「幸福感是衡量人生的唯一標準，是所有目標的最終目標。」幸福結合了愉悅與背後隱含的真諦，因為道德、良善，在自我實現中，產生了移情作用，讓工作提升自我價值。這門人生的必修課，簡單卻不凡，建立在

人與人間的「共享價值」上，因為「助人」所以「自助」，施與受間永遠存在著微妙而美好的連結關係。樂在工作，生活才能更加充實有意義，而給予也能成為一種創造力，讓人變得更積極。

　　引發讀者正向情感，促使其主動參與，讓國資圖成為工作、家庭以外的第三生活空間，一直是我們努力不懈的目標，以新思維、新方法力求突破創新，朝「國資圖就是我家」、「圖書館社區化」的經營理念，與在地結合，用優勢去創造真實的幸福，和多層次的滿足感，營造一個供民眾自由閱讀、探索、休閒、終生學習的幸福之館。

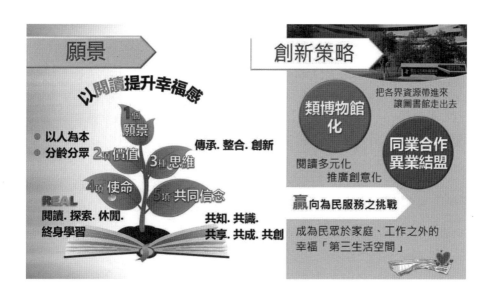

培養 7C 關鍵素養

傳統教育所著重的 3R 能力（讀 Reading、寫 Writing、算 Arithmetic），已經不足以應付日趨複雜多元的環境、工作和生活。因此，因應 108 課綱的施行，提出了 4C 的關鍵能力，即批判思考（Critical Thinking）、溝通（Communication）、合作（Collaboration）、創意（Creativity），培養孩子「帶著走」的能力。這樣的能力不只是學生的重要素養，同時也是職場上重要的工作素養。

從 4C 到 7C

事實上，在面對這個不斷變異的時代，我們所必須擁有的能力，其實不僅僅於這 4C 而已。因此，我在創意、溝通、合作、批判思考等 4C 的基礎上，進一步提出內容、自信與接觸，亦即「7C 關鍵素養」。

一、Creativity（創意）

「創意」是一個組織的靈魂，比爾‧蓋茲曾說：「微軟距離失敗，永遠只差 2 年。」因爲微軟如果沒有持續地創新突破，就會被其他企業所趕上，被市場淘汰。這句話所要表達的，就是「創意」的重要性。

二、Communication（溝通）

沒有溝通，就沒有組織，我們的工作、家庭、生活都離不開「溝通」。套用杜威的主張「教育即生活，生活即教育」，在職場上，便是「工作即溝通，溝通即工作」。

三、Cooperation（合作）

有合作，才有執行力；沒有合作，就沒有競爭力。因爲一盤散沙，是不會有執行力和競爭力的。

四、Critical Thinking（批判思考）

對所執行的各項事物，能以主觀和客觀的立場，去反思和評價，進而提出回饋意見。除了能改善現有作爲之外，更能夠做爲未來精進之參考。是一種對現況的精進，以及對未來的反思。

五、Content（內容）

沒有內容，就沒有生命；沒有內容，就沒有養分；沒有內容，就沒有活力。所以，我們凡事都一定要以內容取勝，用好的內容來行

銷，用好的內容來吸引讀者。

六、Confidence（自信）

有自信，才會有信心；有自信，才會有動能；有自信，才會有熱情，所以大家要對自己有信心，去處理經手的各項業務。

七、Contact（接觸）

觸角須延伸至各角落，多體驗各項人事物，了解市場變化、社會趨勢，才能將資源引進組織，進一步轉化為所需的能量。

Insight（洞見）與 Foresight（宏觀）

我們可藉由自主學習，或透過各項訓練的機會，來提升以上這7 大素養。這 7C 對職場上的每一個人來說，都是非常重要的關鍵素養，擁有 7C 的人，才能夠具備 Insight（洞見）和 Foresight（宏觀）的能力。

具備 Insight（洞見）能力，可以讓我們看見問題的所在，針對問題、處理問題；Foresight（宏觀）能力，則可見樹又見林，讓我們能夠擁有宏觀的視野、廣闊的心胸，去面對外在的挑戰。7C 一直是我持續努力提升的素養，也是現代人必備的職場基本能力。

領導 5V

　　領導是一種科學，也是一種藝術。目前並沒有放諸四海皆準的領導模式，但有一共同的基準，領導就是帶著一群人把事情做好。是故，領導是人影響人的過程，是帶人做事的表現。因之，領導者不是一個人單打獨鬥、悶著頭做事，是要帶著成員一起完成任務，故能帶人做事，才是好的領導者。而好領導在帶人做事上，是一種「看得見」的行為表現，能帶領組織不斷的成長、精進及創新。這過程中，我覺得領導者要掌握「5V」原則，分別是 Vision（願景）、Value（價值）、Value-added（加值）、Vitality（活力）、Vogue（時尚）。以下闡述領導 5V 的概念，供大家參考：

一、第一個 V —— Vision（願景）

　　是指有理想、遠大的目標，有雄心壯志、寬廣的視野，可以讓組織變得不一樣。據報載，鴻海集團郭台銘董事長於 2019 年 3 月 26 日 LINE@ 帳號開張，第一篇文章談的是「格局」，同時附上一張圖片，上面寫著，「阿里山上的神木之所以大，當種子掉到泥土裡時就

121

決定了。」原文如下：

> 阿里山上的神木之所以大，四千年前當種子掉到泥土裡時就
> 決定了。因為它長在空曠的地方，不是在西門町，它要耐得
> 住風寒和寂寞。
> 神木之所以成為神木，是在那時候就決定了的。絕不是四千
> 年後才知道。所以「格局」是決定在一開始你的心理怎
> 麼想。

郭董這一段話告訴你，如果你正在做對的事卻很寂寞，請你擇善
固執。神木在高山凜冽的環境成長，才造就了它的未來；而人的未來
遠景有多廣大，就從「格局」看起。我覺得這也是人常說的「態度決
定高度、格局決定結局」。我分享郭董的這段話，是鼓勵大家在職場
上工作，要拉高自己的格局，以謙卑的態度、強而有力的信念，齊心
為人生目標而努力。

二、第二個 V ── Value（價值）

基於組織的願景，建立組織的核心價值，價值即是組織之所以存
在的原因。有價值才有中心思想，目標設定才會精確，行為才會有
準則。

三、第三個 V ── Value-added（加值）

是指將組織的人力、物力及財力最大化，引進外部資源，積極與
同業合作、異業結盟，壯大自己的能量，創造附加價值。我常說「組

織走出去，資源帶進來」，就是這個意思。亦即發揮資源的加乘效果，創造 1 加 1 大於 2 的價值。

四、第四個 V ── Vitality（活力）

組織是有生命力、彈性的有機體，當遭遇任務時會整合內部各部門，部門之間並不會單打獨鬥，而是協力合作、齊心完成任務；當外部有變化時會適當地調整和因應，能夠與時俱進、彈性的因應組織面臨的各項任務及挑戰。

五、第五個 V ── Vogue（時尚）

所謂時尚，非指一味趕流行或時髦，而是指跟得上時代、與時俱進，用最新科技為組織創造價值，同時為民創造福祉。服務應該要接地氣，懂得庶民需求，將服務以大眾喜愛、可接受的方式呈現給民眾。

領導 5V，是一領導的哲學思維，運用之妙，存乎一心，如能融會貫通，相信能夠幫助大家在各個領域上展現更細緻的執行力，並在職場上再創另一高峰。

領導者應具備的修養 5 識

　　時代在變，環境在變，唯一不變的就是變；世事難料，我們無法預測未來會發生什麼事，唯一能預測的，就是不可預測。現在在政府部門或職場上工作的人，一定都深有所感，因為隨時都會有層出不窮的狀況與危機需要解決，每個人都背負著一股隱形的壓力。因此，「不可預測」變成是我們職場上一個潛藏的壓力及挑戰，為了因應這樣的未知，以我多年行政的體會，也唯有涵養這 5 識，才能在這不可預測的環境下處變不驚，從容以對。現代領導者都必須具備 5 項基本的修為，這也可以說是一種素養能力。

■ 兼具「5 識」修養

　　在充滿各種難以預測、變數層出不窮的年代，領導者必須兼具的基本修養「5 識」，分別為通識、見識、意識、膽識、賞識。

一、通識

就是 Common Sense，也就是「**知識**」（專業知識）加「**常識**」（社會**趨勢**）。「知識」指的就是專業的知識，我們除了對自己本職的專業領域要不斷精進之外，還需要做跨領域的學習，讓自己的專業知識得以提升；「常識」就是體會社會的**趨勢**，須隨時留意社會脈動，掌握最新的時代資訊。簡言之，就是了解社會在流行什麼，體認庶民的思維，融入組織業務中，組織才能與時俱進地走在時代的尖端。

有一句順口溜，「沒有知識，也要有常識，沒有常識也要經常看電視，不看電視也要去逛夜市。」就是告訴我們要有「通識」。

二、見識

是一種精準的「洞見」（Insight），意指要能洞見問題的所在，看得到問題，很快的抓到重點，並且根據問題，尋求最佳的解決方法。

三、意識

要具有高度的敏感度及危機意識，能認清及了解風險所在，並及早因應，亦即要有**警覺性**及判斷力。

四、膽識

能勇敢的去面對我們所遇到的各項問題。誠如聖嚴法師所說，遇到問題時，要「面對它、接受它、處理它、放下它」。碰到問題就勇敢面對，想辦法去解決，問題不解決，永遠都會存在，就算無法完全解決，至少也能將傷害降到最低。

有膽識，在工作上才會勇敢去創新發想，讓組織不斷壯大精進。正所謂「成功的人找方法，失敗的人找藉口」。

五、賞識

尊重他人存在的價值，也能欣賞他人的好及其良善的一面。要有容乃大，包容不同立場的意見和心聲，也要懂得謙卑，去複製別人成功的經驗，將其價值進一步發揚光大。這是一種最高的藝術和修養。

因此，在這個變動的時代，如果一個領導者可以兼容以上的修養5識：「通識、見識、意識、膽識、賞識」，相信一定能夠為組織帶來無窮的能量，並且帶領組織精進發展，邁向高峰。

儲存人生的 5 老資產

臺灣的生育率不斷下滑，預估 2025 年即將邁入超高齡社會，加上少子女化，讓人口結構呈現金字塔形，「老人學」儼然已成為每個人不得不重視，且必須即早思考、面對的一個重要課題。因此，我們應趁早利用工作的場域及在日常生活中，漸進積累各種人生生涯的資本，培養足夠的正向能量，成為我們年老的資產。

■ 工作中休閒，培養人生的「5 老資產」

一般人都會將「工作」當做只是為了生活、賺取報酬的一項工具，但如果我們能夠把工作當做是一種職涯的規劃，透過工作，不斷地累積人生的資本，以及增加我們的能量，在工作中休閒、休閒中工作，那麼，工作就已經不再只是工作，而是能夠透過工作，培養我們未來的「人生資產」。

因此，不要為了工作而工作，而是為了把這個工作做好，你必須做各種的努力，而在這個努力過程當中，你可以擷取許多的養分來彌

補不足，這些養分就是知識；你也會因為工作做得好，而帶來無限的成就感和愉悅感；你在工作當中也會接觸更多的人，建立更好的人際關係；你在工作中也能夠掌握最新的資訊，而不會被時代所淘汰。以上種種，都是在累積珍貴的「人生資產」。

這些透過工作所累積的「人生資產」，包括有形的物質資產，以及無形的知識、人脈、豐富生命、成就感與幸福感等精神資產，轉換成一種未來學或老人學的概念時，指的就是，在工作中透過這種教育和學習的過程，培養我們未來的「5 老資產」，也就是「老本、老友、老地方、老茶、老身」。

一、老本

是指「儲蓄理財」。在平日生活中即累積存款，透過適當的理財及儲蓄的好習慣，除了做為未來的退休年金，也累積一筆小小的儲蓄，讓自己退休後可活得輕鬆自在，過一個有尊嚴的樂齡生活。

二、老友

是指「結交志同道合的夥伴」。這樣的朋友不用多，3 個不嫌少、5 個不嫌多、10 個會更好，平時不定期聚會，一起去做共同有興趣的事，例如和山友一起去爬山，一個人走得快，但是一群人可以走得更遙遠，老友可以讓老年生活過得精彩而不孤獨。

三、老地方

是指「找到從事自我興趣的場域」。平日培養一些興趣、習慣或

專長，做爲終身學習的項目，這些興趣、嗜好一定需要有一個實踐的場域，也就是每天或隔一段時間，閒來無事就會想要去的地方，例如結合健身、下棋、休閒等興趣而經常習慣去的地方。

四、老茶

是指「懂得實踐生活的品味」。老茶指的是特別喜歡享受的元素，可以是茶、咖啡、藝術，或是任何可以展現出一個人生活品味的事物。所以找茶／磋、找咖啡、找藝術，就是找到這些喜歡的元素，在生活當中把它力行實踐出來，是一種能夠帶著走的能力。

五、老身

是指「擁有健康的身體」。健康就是財富，年老時「把身體照顧好，也是給子女最好的禮物」，身體保養好，就是幸福的基礎。趁著早期還有體力的時候，適當規劃自己想要的生活，在工作、生活及家庭中取得平衡，追求好的生活品質，過得健康又幸福，這應該做爲大家共同努力的目標。

每一個人都害怕變老，包括我自己也是，但老化又是我們每個人此生不得不面對的階段，也是當今社會正共同面臨的重要議題，若能及早準備，自然就不會害怕了。因此，提供以上「5 老資產」和大家分享，其實就是要尋找你熟悉的東西、有興趣的領域，能夠幫助我們預防並及早面對老人議題，提升我們的身心靈，讓生活更有目標，壯大自己的能量，讓我們老而健康、老而有尊嚴，這就是一種「幸福」！

■ 讓工作不只是工作，而是一種「教育幸福」

　　面對未來，人都會老化，所以我們必須透過工作的教育學習過程，逐步累積財產、人脈、興趣、品味、健康等「5老資產」，這些就是一種「教育幸福」。因此，我們必須在工作過程中找到工作的價值，在工作中休閒、休閒中工作，享受工作的樂趣，讓工作不再只是一份工作，而是一種「教育幸福」。

　　亦即，及早透過工作去擴展生活的領域，累積人生的寶貴資產，就是最簡單的幸福。

教育行政的 3 大信念

　　在職場工作一段時間後，通常都會出現所謂的「職業倦怠」感，這是一種由工作引發的心理耗竭現象，是職場工作壓力下所感受到的身心俱疲、能量被耗盡的感覺。原因可能是同一項工作做久了引發的疲憊感，或是一直都沒有調整工作，而想換個環境，想從事其他不同領域的工作。心理學家 Maslach 等認為「職業倦怠」是一種綜合性的徵兆，包括情緒耗竭、玩世不恭和職業效能感缺乏，在這些心理影響下通常會導致工作熱情喪失、工作態度消極，以及個人對工作的意義和自我效能的評價下降，在工作中感受不到成就感等現象。

　　我也曾因長期從事教育行政工作，產生力不從心的感覺，而有所謂的「職業倦怠」感，但在我數十年的實務工作經驗中，後來認為能夠幫助我解除職業倦怠感，讓我產生源源不斷的正能量，願意持續投入教育工作而不感倦怠，其實都是因為內心裡有著強而有力的信念。因此，我覺得每一個教育人，都應該擁有這 3 股重要的信念，讓自己在職場當中，能夠產生不疲乏的動力，持續不斷地堅持向前並屹立不搖。

一、莫忘教育的初心

當我們在職場上，因種種的原因而產生職業倦怠感，通常會思考是不是該轉換跑道或調整職位，重新尋找更適合的工作。但就教育工作者而言，這個時候我們可能就必須要認眞思考，最初爲什麼會投入教育的工作。或許當時升學考試時，是因爲考量家境清寒，選擇了一份被認爲是鐵飯碗的教職工作，而就讀師範院校；有些人則可能是因爲父母親的期許，認爲教師的角色是很神聖而崇高的，所以選擇從事教育工作；也可能只是爲了保有一份有穩定收入的安定工作。

不論是什麼原因，我們都曾在求學過程中受過老師的照顧與提攜，對教育總有一些憧憬與感念，自認爲這是一份有意義、有價值的工作，而願意獻身於教育工作。如同國際保育專家珍・古德（Jane Goodall）博士曾說過一句話，「永遠不要放棄心裡最初的熱情」，也就是「莫忘教育的初心」。保持對教育的熱愛，去成就每一個孩子，心中自然就會有一種喜悅。能夠看到孩子有成長、有進步，不就是人生最大的幸福嗎？那種初心是不會變的。其實，在產生職業倦怠時，只要反躬自省，把自己拉回來，莫忘自己對教育的初心，相信還是會有滿滿的能量讓你投入教育工作。

二、可見的存在者

在一個組織裡，如果你要從基層的員工慢慢晉升到主管或更高的職位，一定要在組織中有被需求感和被依賴性。以教育而言，學校就是需要一個有專業的老師，認眞教學，帶領孩子做有意義的學習，發揮教師的教學效能，學校自然就會肯定你，對你有所需求，讓你能夠

展現你的專業，給孩子有更好的學習成效。因此，一個人在職場上，必須要有能見度，要讓主管看得到你的能力、條件、抗壓性等。

舉一個小例子，過去我在當教育處長時，曾經公開說過，「每一個校長都應該做一個可見的存在者，讓家長、老師和學生都看見校長對這個學校的用心，以及校長形塑學校的品牌、特色與進步，成為一個可見的存在者。」現場就有一位校長半開玩笑說，「我才不要當可見的存在者」，我問為什麼，「因為成為處長心目中可見的存在者，那重要的大事都會交給我做，那我不是累死了。不過現在不就是如此嗎！為了教育，只要是有意義的工作，事實上再怎麼累，老實說，我也願意去做。」所以，如果每位校長在處長的心目中都是可見的存在者，很多教育的推動工作，一定會更順暢。

三、看得到進步

我們在職場當中的表現，除了必須要感受得到自己的進步外，也要讓別人看得到你的進步和貢獻，那種「感受到」和「看得到」，不管對自己或別人而言，都是很重要的。「進步」本身則代表著幾個重要的元素：精進、創新和成長。因為不斷精進，才能引導學校的走向；因為不斷創新，才能帶動學校的進步；因為不斷成長，才能帶領團隊與時俱進。所以，我們必須每天都讓自己有微小的改變，相信累積時日，進步是看得見的。

教育改革的本質

　　2019 年是 410 教改 25 週年，教改雖然帶來很多教育的利基，引進各種教育新理念，讓人才培育更多元化，但也有很多的教育團體，批評當年的政策雖然對教育現場多有幫助，但部分的問題仍然是頭痛醫頭、腳痛醫腳，仍然有很多問題必須要做調整、修正與改變。

教改 25 年對臺灣教育現場的影響

　　教改 25 週年，國教行動聯盟及教改總體檢論壇舉行會議，檢視教改的利弊得失，召開「教改 25 年，臺灣教育是向上提升還是向下沉淪？」記者會，提出教改對臺灣教育的影響。教改提出的諸多措施固然讓教學現場更多元，體罰大幅減少，但卻造成一綱多本、良莠不齊、學歷貶值、技職教育萎縮、臺灣教育均質化等 10 大問題，標榜快樂學習，卻反而讓大部分抓不到方向的學生，因為學習怠惰而被犧牲，造成更大的學習落差及階級落差。

　　事實上，對於教改的問題，25 年下來，其實我們也觀察到在教育現場上，有很多彈性鬆綁、以學生為主體、教育民主化等教育上的許多改變，並因此帶動各界對教育議題的關心與重視，我們的發展方向也服膺世界各國教改的趨勢。當然，也確實產生國教行動聯盟所提出的諸多問題，影響臺灣教育的 10 大問題也確實存在，導致現在孩子的升學壓力依然不減，快樂學習的目標尚須努力。

■ 以人為本、永續發展

　　無論如何，教改 25 年有其正向的影響，也有須改善的地方。未來我們在看待一個教育政策的推動或改革的過程時，一定要先了解教育改革的本質，也就是「以人為本」、「永續發展」，才不會有任何的偏頗或方向錯誤。

一、以人為本

　　「以人為本」就是，以「人」做為受教育的主體，重視人文素養及同理關懷。任何教育事務都必須要重視人的尊嚴與價值，考量人的動機與需求。誠如通訊巨擘諾基亞（Nokia）所言，「科技始終來自於人性。」科技帶來人類的便利及效率，可是創造科技產品本身之初，如果沒有去考量人性，那所發明出來的產品是無法符合人們需求的，充其量只是一項科技的產品，人們在使用時是沒有溫度的。不符需求、沒有實用性，也就不會去依賴它，也唯有考量人性，所發明出來的東西，才會符合所需。

二、永續發展

我們推動任何的教育事務，不要短視近利，也不要抱持著一次性的思維，政策規劃要有持續性、長期性、系統性、計畫性和目標性的考量，政策執行要有更多的尊重、同理、關懷與信任的過程。過去我們在修教育心理學的課程中，都會舉很多教育實驗的例子，比如白老鼠等動物實驗的例子，但教育的對象是「人」，不是動物，對人我們是透過「教育、教養」的方法，對於動物則是利用「訓練、馴服」的方式，動物在經過訓練之後，往往就會學得某些技能，但人和動物是不同的。所以我們不要訓練孩子成為考試高手，而是應該要教育孩子學得更多的知識，培養孩子終身帶著走的能力。

因此，對於教育改革，我們應該特別思考「以人為本」及「永續發展」這 2 項核心價值，這是政策規劃與執行很重要的思維。如果能夠扣住這 2 項本質，我們所推動的事務就能符合孩子的需求，永續地影響他們未來的發展，避免讓孩子在求學過程中，僅接受片面的教育，而缺乏整體性、長期性的教育，甚至變成教育的實驗白老鼠。

■ Insight（洞見）vs. Foresight（宏觀）

總而言之，在整個教育改革過程當中，教育組織應持續對政策做各種評估與分析，並且廣徵意見、尋求共識，要能夠擁有 Insight（洞見），看見問題的關鍵點，針對問題去處理解決，也要有 Foresight（宏觀），要見樹也要見林，在執行過程中，要用更開闊的視野、更巨觀的思維，全面性、周延性地去推動，才能達到應有的效益與目標。

看重自己的價值

一個國家要進步，靠的是人才和政策，人才要專業，政策要有方向。同樣的，一個組織的政策方向如果夠明確，人才專業也足夠，只要大家有心，願意去做，可以扮演的角色，以及帶給社會的影響層面，可以是相當深遠的。因此，不要小看自己的影響力，要看重自己的價值，發揮自己的影響力，為組織的進步盡一份心力。每個人的一小步，就是組織的一大步。

每個人都是最重要的螺絲釘

我們不要小看自己，每個人的影響力都可以是非常大的。一個組織就像一台機器，是由各個零件、螺絲釘所組成的，再怎麼好用的機器，如果少了一顆螺絲釘，也是無法運作的。所以，每個人在充分分工的組織裡，都扮演著一定的角色和地位，端看你如何去影響他人、感動他人，如何發揮你的影響力。如果我們能在工作崗位上發現自己存在的價值，擁有工作的成就感，那就是突顯了生命的意義，對個

人、對組織，都是一種「幸福」。

所以，每位領導者都應該給基層員工一個「舞臺」，讓他們充分的發揮專長、激發創意、展現自我，增加自己的能量，當每位員工都能感受到自己存在的價值時，這個組織自然就會成長、壯大。因為這些個人的能量加總起來，就是組織無窮的力量，這就是 1 加 1 大於 2 的概念，每個人的一小步，就是組織的一大步。一位日本企業家更進一步地推論說，每人每天改變 1%，一年就能壯大 37 倍。所以，政府要推動各項政策，一定是靠所有的員工一起動員，而不是單打獨鬥。

■ 每個員工都是最好的行銷者

一個員工如果在組織裡受到重用，也能感受到自己的工作意義時，他所到之處就會散發一股正能量，讓身旁的人都能感受到他滿滿的活力，並逐漸感染給每一位成員，組織整體愉悅感就會提升。這位員工更會主動對外分享，介紹他引以為傲的工作單位，因為那是一個讓他得以成長、茁壯，有所表現的地方，自然而然在組織內外的場合，一定都會不經意的去推播這個組織的好。

這就是「口碑行銷」，也就是我們所說的，教育就是一種「人影響人、人感動人」的歷程，因為他所到之處都是在影響人、感動人，讓周邊的人感受到他的正能量。

員工對於組織若有共同的信念，與組織融為一體，這個組織必能擁有正面的形象、永續發展，進而啟動善的循環。因此，每位員工都

是最佳行銷者，能夠讓組織的能量不斷壯大，共同提升組織的能量。

攜手善盡社會責任

教育部近幾年鼓勵大學推動「大學社會責任」（University Social Responsibility, USR），希望各個大學都能夠在社會上扮演一定的火車頭角色，提供大學服務時，也能帶動社區和社會的發展，教育孩子的同時，也能夠鼓勵孩子多做公益與社會服務。

同樣的，各個政府部門也應如此，必須要善盡社會責任，做一些社會公益。例如學校每年進行新生家長座談，有時會邀請政府單位來宣講，我覺得都應盡可能派員前往擔任。但有時發現政府部門總以忙碌為由推辭，或以該校已有培訓種子教師為由拒絕邀約，反而是喪失了一個政府宣導的機會，而這只是以形式化的方式把問題移除，而未真正的解決問題。

要解決問題，而不是移除問題

其實，若能進一步思考事情背後的價值性，就會有不同的解決方式。政府機關一般都希望能夠適時的做政策宣導，而每一次的演講機會其實就是最好的宣導舞臺，都有加乘的效果。對學校來說，可以協助解決家長研習的需求；對組織來說，可藉由演講來推廣行銷組織品牌，讓更多的人都知道；對講者個人來說，或許哪天會在某個場域，遇到其中一位聽講者給予正面的肯定與回饋，會聽到因為那場演講

讓他受益良多，就會發現自己的影響力其實很大，可以發現自己的
價值。

所以，我們要做的是真正的「解決問題」，而不是形式化的「移
除問題」。一個問題看你用什麼角度去切，如果採用一個比較宏觀、
長遠，站在願意發揮影響力的角度來看，處理問題的結果就會截然
不同。

■ 要先看重自己，別人才會重視你

人如果沒有看重自己，或尊重自己存在的價值，別人也不會重視
你、尊重你。唯有讓自己先肯定自己，別人才會重視你。因為你在
乎，別人才會在意；因為你重視，別人才會尊重；因為你關心，別人
才會關注。

以前我在當教育局局長時辦理校長研習，研習對象包括幼稚園園
長，以及國小、國中、高中校長，我發現有個狀況，小學校長和幼稚
園園長會坐在比較後面，前面都讓給國中和高中校長。但一般來說，
第一排是安排給講師、助理、重要貴賓，或承辦學校的幹部，第二排
開始應該是不分座位皆可自由入座。因此，我曾經公開地說，在場的
每一位都是校長、都是主管，我們並沒有排定座位，所以並不需要小
學校長和幼稚園園長就坐在後面，應該是依到場的先後順序，自由選
擇適合的位子，先來的擁有較多的座位選擇權。

身為一個校長，不論幼稚園、小學、中學，你就是一個校長，既然是校長，大家的地位就是一樣。必須先看重自己的角色、地位，在領導的過程中，才會有信心、勇氣，才會大膽地去做各種嘗試、創新與突破，才能夠帶動學校，以及更進一步帶動整個社區的發展。

■ 態度決定高度，格局決定結局

每個人都應該先看重自己，身為校長都應該要自詡為是該學區／社區內最高學府的校長，唯有將校長的高度、宏觀、視野拉出來，所帶領的團隊、孩子們才會有信心、有勇氣，才會心胸開闊。如果從校長開始就自我設限，因不同的階段而有不同的階級區分，認為自己只是一個小校或偏遠的校長，無法和大校或城市的校長並駕齊驅，對很多的資源和作法就會退讓給別校優先，那所領導出來的學校就真的會不如他校，孩子的氣度就會不夠。所以，每個人都要看重自己，所帶領出來的人才會與眾不同。

總而言之，一個組織不應該自我設限、自行劃界；每一個組織都應該以當地最高的單位來自居。一個人的態度決定高度，格局決定結局，所以，必須要有良善的態度、宏觀的視野、開闊的格局，才能帶領整個團隊走向一個新境界，為臺灣社會帶來更正向的影響力。

思考政策背後的意義

　　我擔任館長時，與中國信託及中信兄弟棒球隊合作，共同推動「閱讀」與「棒球」結合的「閱讀全壘打」活動，這個活動源自於美國職棒大聯盟亞特蘭大勇士隊，與美國喬治亞公共圖書館推出的「全壘打讀者」（Home Run Readers）活動，以鼓勵閱讀換取門票的方式，提高孩子的閱讀動力，異業結盟掀起「閱讀×棒球」新風潮，加乘結果讓學習像全壘打般，飛得又高又遠。

■ 接地氣的創新模式

　　這項活動在臺灣是首創，複製他人的成功經驗，融入自己的特性與元素，結合社會資源，創造屬於自己的特色活動，打造具本土化的創新模式。

　　延伸觸角發展出在地模式的「閱讀全壘打」活動，藉由傑出名人代言推廣閱讀活動，與鄉鎮巡迴展覽，集結公共圖書館、政府機關、民間團體等單位的資源與力量，透過行動圖書館，與電子書服務平台

等推動方法，擴大閱讀，拓展服務的深度與廣度。這樣的文武合一、異業攜手，讓讀者轉換成球迷，球迷轉換成讀者，見證閱讀和運動同樣可以蔚爲風潮、時尚，甚至更加熱血。

活動在邁入第 4 年之際，規模愈來愈大，前 3 年計吸引 45 萬人次參加，2019 年擴大結合反毒特展，吸引更多親子族群，以「閱讀反毒、健康幸福」爲訴求，希望借助學習的力量遠離毒品，同時深化一向爲國人熱衷的棒球運動，體現永不放棄的運動家精神。

■ 簡單中的不簡單

現代人取得訊息的管道來自四面八方，在知識爆炸的今日，簡單明瞭的遊戲規則，更能提高參與意願，反之，則讓人望之卻步。因此，在活動的關卡設計上，必須有趣而一目瞭然，鎖定各層面皆能參與，進而引起共鳴與迴響。以「閱讀全壘打」活動爲例，到合作的圖書館取得摺頁，借閱至少 3 冊實體或電子書，於摺頁寫下書中佳句，即可獲得內野門票一張，低門檻、高報酬，是活動熱絡且能普及的關鍵。

■ 找對人，做對事

名人代言活動，因自身擁有高知名度，能產生正向傳播效益，很快地吸引大眾的目光和興趣，但前提是要找對人，找符合活動內容、正面形象、平易近人、有好感度的人來代言，自然會有推波助瀾的

效果。「閱讀全壘打」活動由周思齊代言，因本身即是職棒球員，熱愛閱讀，每天會陪著 10 歲孩子睡前共讀，在球迷的心目中，是一個愛家的暖男，不僅如此，允文允武的他，並推出自我探索的個人著作《GAME ON! 周思齊的九局下半》一書，在國資圖以同名主題，分享他幾經波折卻又不凡的職棒之路，該場演講座無虛席，引起廣大迴響。對以運動、閱讀、親子教育 3 大元素為訴求的「閱讀全壘打」活動，周思齊自是代言的不二人選，有了名人加持，1 加 1 大於 2 的效果，在活動的推廣上如虎添翼，這便是「影響力行銷」的魅力所在。

■ 政策背後的理性與感性

「閱讀全壘打」活動之所以能夠持續不斷地推動，且成效愈滾愈大，熱度不減，探究其隱含的象徵性意義及連結元素，自然不難理解。我解讀這項活動執行的過程與成效，有幾點深層的涵義：

一、為臺灣播下希望的種子

運動與閱讀，一動一靜，兩者雖是完全不同的領域，但卻同樣有心智啓發的功效。研究顯示：運動可增加大腦血流量，刺激釋放多巴胺，帶出正面情緒；閱讀可增強神經迴路，提高連結密度，活化聯想及創造力，因此，德、智、體、群、美五育並重，一直是教育不變的宗旨。「閱讀全壘打」活動結合「智」、「體」二者，即是要傳達身心均衡發展的重要，不僅是異業也是跨域的結合，有加值、加分、加

乘的效果，政府與企業成爲夥伴關係，將附加價值提升到最大化，兩者的結盟意味著同心爲臺灣播下希望的種子，期望以文字的力量、運動的精神和態度，讓種子萌芽，向陽成長。

二、讓善的力量無限循環

響應政府推動「終身學習 331」，就是每人每天 30 分鐘閱讀、30 分鐘運動，再加上日行一善，讓學習成爲習慣，讓運動強化健康，在省思中增進品德修養，說好話、種善念、做好事，促使良善的力量無限循環，形成一個充滿包容力與愛的社會。

三、堅持到底，才是最大贏家

活動由棒球明星周思齊、王威晨與林書逸代言，代表著勝不驕、敗不餒的運動家精神，同時也在傳達追求夢想、永不放棄的信念。這讓我想起電影《KANO》裡的一句名言：「不要想著贏，要想不能輸。」務實的思考，先立於不敗，才能找出致勝的關鍵點，這是逐夢的勇氣，也是智慧的考驗，翻過圍籬景色更美，只要微笑就能迎風而立，凡事堅持到最後，態度、經驗、領悟與決心，將決定誰才是最大贏家。

每個理性發想的政策背後，總帶有感性的善意，集結眾人的信念，給予暖心的服務，「因爲有意義，政策才得以永續。」

■ 站穩利基，一路長紅

通常我較不喜歡一次性或煙火式的活動，因它的價值較有限，我希望做有系統性及長期性的規劃，尤其是有意義的活動或政策，一定要試著思考其背後的意義，找出永續經營的推動利基，相信必定能夠長久的推動下去。

用前瞻而開創的精神，本著創新科技、多元服務、溫馨關懷的人本精神，以使用者為導向，傳遞新型態的感動服務，讓智慧活水灌溉這片土地；用明確的新意和優質的心意，從各種資訊啟蒙和豐富資源，帶給群眾美好的感染力和啟發性，能感受價值所在，並認同服務走向，這便是一個成功有感的營運模式，站上這個利基點，走向永續，用現在式，完成肯定句，讓未來指日可待。因此，思考政策背後的意義，找出政策背後的理性與感性，將是組織永續發展的推動利基。

凡事賦予工作價值

在一個組織當中，我們每天得面對諸如柴米油鹽醬醋茶等複雜的事務性工作，通常會感到不勝其煩，有時候還要引用各種多如牛毛的法令，被有形、無形的例行性行政事務束縛住，讓工作顯得枯燥乏味，對長官交辦事項往往也都只能「照辦」，不會特別覺得有什麼意義或貢獻，更別提什麼成就感了。

其實，不論單位的大小，我們每個人都是這個組織當中最重要的螺絲釘，缺一不可，每個人也是這個團隊當中最好的行銷者，可發揮「一傳十、十傳百」的效應。誠如日本企業家的推論，「每人每天改變 1%，一年可以壯大 37 倍。」其實就是代表著，透過每日不斷細微的改變，將會累積產生巨大的成效。

將事情賦予工作意義

在我的教育行政生涯當中，其實都希望提供同仁一個願景或夢想，讓大家去追求，換句話說，就是「人生有夢，築夢踏實」。這句

話不只是對學生有用,對職場上工作的人更是有必要,這樣工作起來才會更有理想性、更具信心,才會更有力量。所以,對很多事務性的工作或行政事項,我都希望把它賦予工作的意義,事件才會開始有生命、有故事、有感動,在過程當中,就會有種完成一件大事或重大方案的感覺。

我在初任館長時發現,從高速公路或高鐵一路過來,都會看到科博館或美術館的指標,國資圖可能因是近幾年完成,比較看不到路標。因此,我請同仁和臺中市政府交通局協調增設指示牌,於 2017 年起至 2018 年已完成 14 處標誌增設。在交付這一項工作之始,我就先不講「增設指示牌」,而是向同仁提出所謂的「不迷路方案」,類似「馬路不迷路,上網路不迷路」的作法,把設立方向指標賦予工作意義。這就是刻意形塑成是在執行一項重大的方案,如此一來,我們在執行的過程中,才會更有意義、價值以及使命感,更能讓人感動,成員完成後,也才會有很大的成就感。

■ 不一樣的使命感

執行過程中,我們也向同仁強調,事務性工作也會有不一樣的使命感,這個「不迷路方案」的完成,當然就是一種「使命感」,同時也彰顯了幾個重要的意義:

一、別人有,我們也應該要有;別人做得到,我們也應該要做得到。

二、每人每天經過都看得到指示牌,無形中可以增加館的能見度。

三、打造城市新名片,成為城市的新地標。

四、提升正面形象，創造組織存在的價值。

哪怕是很簡單的事情，只要賦予一個有意義且動人的口號或slogan，我們依舊可以讓成員知道這件工作的價值，讓他們感覺確實是很有意義、有價值的事，也會深刻感受到，原來做了這麼多瑣碎的事，對組織都是有很高度的貢獻，進而提升個人對工作的執著與投入。

做事要有未來性

因此，我覺得在執行教育事務或推動教育行政工作時，一定要把這些執行內容賦予價值，才會突顯工作的意義。記得以前我在南投擔任教育局長時，正值各縣市開始成立社區大學，當時我們就設定一個有願景又有意義的政策方向「一鄉鎮，一社大」，也就是打造「鄉鄉有社區大學」。尤其正在籌設之初，就讓大家看到，我們是由點、到線、到面在執行這個政策；讓大家清楚知道，未來社區大學在南投會遍地開花，創造「人人有書讀、處處可學習、天天都是閱讀天」的環境。

我們的擘劃過程，都是具有**理想性、系統性、計畫性、目標性**的引導，去帶領整個團隊，而不是單點式的只告訴大家今天要在哪個鄉鎮蓋社區大學，明天則沒有後續下落。這樣有願景的執行方式，不會讓同仁覺得只是在做交辦的工作而已，而是充滿了未來性，一種投入其中，一起為南投的大建設而存在的感覺，會讓同仁覺得完成這些工作後，對整個南投教育，甚至整個社會，都有非常深遠的永續影響，

是非常有意義的一件工作。

■ 思考工作的意義，賦予工作的價值

　　賦予工作價值，不只適用於推動教育行政工作上，凡事皆可賦予工作意義與內容。對組織領導者而言，必須讓工作具指標性、引導性，突顯工作存在的價值，讓成員願意去追隨、去認同；對成員來說，須積極「思考工作」，思考工作對自己的意義、對組織的價值，這樣在執行過程當中，大家才會充滿了希望與信心，以及滿滿的成就感。

懂得換位思考

　　人都有情緒，所以遇到任何喜、怒、哀、樂，內心多少都會受到影響和激盪；人也都會思考，如同笛卡兒所說「我思，故我在」，人之所以會有差異，就是因為人會思考，每個人都擁有不同的思維與認知。因此當我們面臨任何問題時，一定要減少負面的能量，儘量正向思考，遇到困境或挫折時，要懂得轉念，轉個念頭、換個角度、調整心態，就會發現我們可以擁有很不一樣的看法。

　　當我們在職場上領導或被領導時，大家都要懂得換位思考。換位思考能夠讓事情更為順利，執行更為順暢、精準。因此，從換位思考的角度來講，我提出以下 4 個觀點，可以供現代職場工作者進一步思考。

一、站在他人立場去思考

(一) 員工站在主管的高度去思考

　　員工在經辦業務時，通常容易會自我感覺良好，或是抱持著把事情完成就好的心態。有時候若受到主管的質疑，難免會產生情緒，但

如果能進一步思考，為什麼有些提案的想法會被質疑，先行試想若你是主管，你會做出什麼決定，再回頭檢視，就會找到答案。因為如果可以站在更高的立場、角度，用更廣闊的視野去看待問題，用主管的角度換位思考，通常就會看見事情更周延、更有未來性的一面，提案也才會更具可行性。

(二) 主管懂得同理員工的初心

主管應懂得體恤員工，因員工都希望組織愈來愈好，針對所有推動的事物，會很認真地提出想法，出發點都是良善的。除非經評估後有重大的潛在風險，否則主管在主觀上，應要肯定成員的創意和想法，站在主管的高度及過往的經驗，以如何讓方案更成熟、更完善的角度，給予員工能量，給予適切建議，協助員工讓方案更為可行。

二、為服務而存在

政府是為了服務民眾而存在，學校是為了教育學生而設立，而圖書館是為了學習成長而興建，不論是政府、學校或圖書館，都是為了茁壯及成長他人，給予他人知識與能量。可是政府、學校、圖書館的成員，如果沒能自我精進，基本上是無法真正幫助他人的。知識就是力量，我們唯有透過學習來強化自我，才能增加自己的正能量，精進自己，才能真正壯大他人。

三、換位子要換腦袋

　　不同的職位角色，所行使的權限、做事的格局與影響力皆不同，故換位子要換腦袋去思考。但從人的初心來看時，如同國際知名保育人士珍・古德所說：「永遠不要放棄心中最初的那份熱情。」正如我身為一名教育者，對我而言，我的初心就是如何協助孩子壯大，這份初心不論是在地方、在中央或在圖書館都不曾改變，所以做任何事情時，都是以教育或人才培育的觀點去看待。因此，換位子，因角色的扮演不同而需要換腦袋，但因人性的價值而不需要換腦袋，因為人的初心是不能變的。

四、跳脫同溫層

　　有時自我感覺良好，多是因為同溫層所給予的回饋，如同電影《楚門的世界》。在網路時代，社群軟體經過演算法，推播使用者喜歡看到的內容，當有其他利害關係人進來時，才會發現真實世界與原來的認知有所差異。跳脫同溫層，離開舒適圈，便會發覺目前所執行的工作，還有調整、修正的空間。

跟得上時代

　　在這個瞬息萬變的時代，唯一不變的就是「變」，當整個世界都在改變、進步的時候，我們如果只是停留在原地，就是落伍。因此，一個組織一定要能走在時代的尖端，同時也要符合社會的脈動，進而齊頭趕上他人的腳步。

　　組織要「跟得上時代、跟得上腳步」，我覺得思維、學習與行動，是 3 個非常重要的元素，提供現代領導者在職場上做參考：

一、思維：進步的思維

　　「思維」，是指新觀念，一種新奇、進步的思維。有什麼樣的「思維」，就會有什麼樣的「態度」，形成什麼樣的「格局」。因此，思維會影響一個人做事的態度，以及看事情的格局。思維若老舊、僵化，會讓人不願意做事，會有多一事不如少一事的消極態度，多做多錯、少做少錯、不做不錯，沒交代就不做，缺乏積極性，這種文化一旦形成，會阻礙單位的進步，無法累積正能量。因此鼓勵大家要有進步的思維。

再來我們要思考，如何讓單位能夠進步、突破的策略和作為，在不違反現有的法令規則之下，思維要符合趨勢、運用先進的科技，以及服膺社會的需求，所以我們行事要更為彈性、開放與參與。彈性，是為了創造更多的可能性；開放，則讓過程更為公開、公正、透明；參與，讓我們引進更多的夥伴。如此，我們就能感受到學校不只是學校，學校會為了使孩子進步、成長、茁壯，將各種無限的可能性在學校裡實踐出來，讓孩子得以獲益。

二、學習：跨域的學習

要跟得上時代腳步，一定要學習，學習才會有知識，知識就是力量。現在是一個多元的時代，除了本職的專業之外，每個人都要不斷地追求新知，充實自我，增加自己內在的能量，進而做跨域的學習，去了解各行各業最新的趨勢和資訊，引導到工作、生活和家庭當中。

因此，我們必須做一個掌握新知、了解趨勢的人，符合社會的脈動，並且走在時代的尖端。如此，在做任何方案或與人合作討論時，你才能理解、掌握全局。

三、行動：團隊的行動

團隊行動指的不只是一個「團隊」，從團隊到執行的「歷程」才是最重要的，要經過一定程序的討論，形成共識，心悅誠服的以夥伴關係的角度去執行，並且將之實踐出來，行動才會強而有力。所以，團隊行動代表的是**專業對話、形成共識、夥伴關係與體驗實踐**這 4 個元素，這是一個廣義的概念：

(一) 專業對話

先透過團隊成員之間不斷的專業對話，從彼此互動的對話中激盪出不同的發想與觀點。

(二) 形成共識

專業對話出來的各種觀點，會有共通性、差異性與創新性，必須掌握這些元素，慢慢形成共識，在過程中，自然就會建立出系統性、階段性、目標性的執行策略。

(三) 夥伴關係

經過專業對話、形成共識的過程，就能建立好的夥伴關係，彼此互相合作與協助、互相支持與補位。

(四) 體驗實踐

透過夥伴關係的形成，進而開始行動（action），用心去體驗實踐，因為在行動過程中，是一個真實的體驗，也是一種真正的實踐，這是一個循環。因為體驗，夢想才得以實踐。

簡言之，單只有一個團隊是不行的，這個團隊一定要經過以上這4個歷程，再去行動（action），才能將團隊的力量淋漓盡致的表現出來，發揮強而有力的行動，展現十足的實踐力道。

找到價值，跟對潮流

一個組織要在這個變化萬千的時代下尋求發展，提升能見度，很重要的就是必須找到其核心價值，順勢跟上潮流趨勢。一旦找到組織存在的價值，才會找到合適的 slogan。要時時觀察社會趨勢，跟上時代潮流，並規劃符合大眾口味的活動，才會深得人心，讓組織行銷效益事半功倍。

找到價值，才會找對 slogan

最好的行銷就是口碑行銷，可以很快速地透過他人認同、口耳相傳，產生十倍速的力量，即一傳十、十傳百、百傳千。但是口碑行銷，一定要有朗朗上口、吸睛、有趣和引人注目的 slogan。舉例來說，我依組織的核心價值，在國資圖提出「你今天閱讀了嗎？」來當開場的問候語，以拉近與民眾的距離，方便對外行銷。

因此，組織做任何計畫，一定要先找到價值，才能發想有力量的口號，進而變成願景，成為一種行動方案，在職場上實踐，這就形成

157

了「口號、願景、方案、行動、實踐」五個歷程。這其中最重要的就是「靈感」，一開始的起心動念非常重要，方向對了，事情就對了。例如為推展閱讀，2017 年我們發起了「帶著一本書去旅行」，2019年進而推動「帶著一本書去運動」，打造一個處處運動、時時閱讀的環境，讓閱讀和運動成為臺灣最美麗的風景，「運動加閱讀，健康又幸福」，獲得媒體大肆報導。

因此，領導者應鼓勵成員勇敢、大膽地做各種發想與嘗試，找到符合組織發展推動的價值和元素，讓它開花、結果，並發揚光大。

■ 跟上時代潮流，規劃符合大眾口味的活動

圖書館自建了「設計師之手數位設計展示平台」，收錄國內大專院校設計相關科系的學生作品，除了在線上展示之外，還特別布置空間，擺設辦理「設計師之手數位設計展示平台——徵件作品特展」，搭配時下流行的開箱文拍照區，將設計師使用的工具印製在帆布上，可供民眾躺在帆布上拍照打卡，獲得廣大迴響。這也是我人生第一次的開箱文。當特展訊息、開箱文照片及新聞稿一發布出去，就有記者主動反映這太有趣了，第 2 天新聞就見報在國際娛樂版。

「跟潮、跟風、跟流行」，跟對了，就可達到意想不到的行銷效果，甚至是一個新聞賣點，吸引他人的目光。因此，我們必須跟著上時代的潮流，規劃符合大眾口味的方案。

再者，若遇到欲仿效的事情有專有名詞時，首先要先解釋清楚，確認源頭的用意是否違反善良風俗，避免「會錯意、表錯情」。以

「開箱文」為例,它源自於 2018 年瑞士蘇黎世警局在警察日當天,欲向民眾分享警察日常執勤內容,以空拍機照下警車裝備和警員,在此之後,全球公務機關即爭相響應。因此,如何引用它的精髓,在相似屬性的議題上轉換場景,複製可行的作法,除了要大膽嘗試,也要不失組織的原有特性,以免尚未帶來行銷效益,反而徒增困擾與傷害。

帶人，要帶心

　　這幾年來，新興的領導理論非常多，比如轉型領導、僕人領導、美學領導、服務領導、道德領導、文化領導、創新領導、正向領導等，這些新興領導理論，事實上都蘊含著各種實踐智慧，也都有其理論基礎和各自的特殊性，可運用在不同組織文化或領導情境當中。

領導的實踐智慧

　　惟我們在談領導時，這些新興理論是無法放諸四海皆準、一體適用於所有情境。過去我也曾經思考，領導是否有其基本的通用原則或理念，後來我發現，所謂的「領導」，簡言之，就是「帶著一群人一起把事做好」。一個好的領導者，可以培植一個團隊，朝著共同的目標，努力向前邁進，也就是說，「帶人，要帶心」，這就是通用的法則，是各個新興理論共通的實踐智慧。這句話是很多人耳熟能詳的一句話，但它不能只流於一個口號，要有 action，要有積極性的作為、具體的策略，以及實際的行動。

進一步說，就孫子兵法而言，「帶人，要帶心」就是「攻心」，以現實利益的觀點來看，就是一般所說的「投其所好」，若用學理的角度分析，領導者必須考量「人性的需求，以及人性價值」。但帶人要如何帶心呢？各個不同條件、文化、情境、屬性的組織，作法自然都不盡相同，領導者必須要懂得為自己的組織找到最適切的方式。

《那年花開月正圓》的啓發

最近剛好看到一部電視劇《那年花開月正圓》，我覺得其中有一個片段，就是一個「帶人，要帶心」的真實作為，如何去拉攏員工的心，以及如何凝聚員工的向心力。這部戲是由孫儷主演一個吳家茶行的少奶奶，吳家茶行是一間宅心仁厚的商家，但因其他茶行覬覦而被陷害，導致公公及先生被抓走並誣陷致死，少奶奶於是接任整個大茶行，面對許多資深的長輩、元老、員工、管家等，她又該如何帶領這麼龐大的事業？

劇中有一段劇情值得探討。那是在過年前，各地的掌櫃回到老東家的大祠堂逐一點交帳冊、銀兩，各個都是大豐收，但少奶奶面對掌櫃們，都只輕描淡寫的回應一句謝謝。晚上在大廳外擺席慶祝，各地掌櫃搶著坐主桌，總管上前說：各位掌櫃，這是留給貴賓的位子，請大家讓一讓。掌櫃們心中都不是滋味，心想我們不是主賓，誰才是主賓，氣得要離席，這時大門打開迎來貴客，這些貴客不是別人，正是這些掌櫃們的父母親，是少奶奶安排用轎子將這些人抬過來做為今日的貴賓，掌櫃們相當感動，因為都快一年沒見父母了。

　　用餐到一半時，少奶奶站在圓桌上說，「今天我要敬 3 杯酒，第 1 杯敬天謝地、謝祖先，讓我們的茶能夠豐收、賺大錢。」少奶奶乾了；「第 2 杯，我從小到大就離開家，等於沒有父母親，各位掌櫃的父母就是我的父母，我代表大家向各位父母 3 磕頭。」少奶奶就在圓桌上 3 跪、3 磕頭、乾杯，這時大家都感動到快流淚了；「第 3 杯敬所有的兄弟，幫我們賺這麼多的錢，大家辛苦了，一杯酒不夠，我換成一壺酒罈。」全乾了。所有的掌櫃都深受感動地說了，「從今天開始，生是吳家人、死是吳家鬼，以後只要少奶奶的一句話。」少奶奶接著說，「我用人不疑、疑人不用。」最後還送大家 2 項大禮，第一禮是每人一盤黃金，第二禮更珍貴，是一本帖子，當地蓋廟時少奶奶用掌櫃們的名字捐錢，廟的碑文上都有大家的名字，帖子上的碑文就是他們的名字。

　　上述劇中「有錢大家賺、有酒大家喝」的情景，可謂是一個領導者如何帶人帶心的具體行動。少奶奶表現出 3 個特色，第一個是**「生命共同體」**，和大家同舟共濟、融為一體；第二個是「**一個大家庭**」，把所有員工視為自己的家人，員工的家人就是她最敬愛的家人；第三個是她的「**真性情**」，除了理性之外，還看得出她感性、豪爽的一面。以上是給領導者「帶人，要帶心」的一個思考，依據不同的場域，採用不同的方式去實踐。

人性關懷，引導價值

　　有句俗語：「做事容易做人難。」通訊巨擘諾基亞（Nokia）亦言：「科技始終來自於人性。」領導亦是如此，必須「以人為本，以人為重」，對人性尊嚴與價值持高度的肯定，也唯有在尊重與關懷的人性化領導下，成員才有可能心悅誠服地接受領導，也是激勵教師士氣的最有效方法。因此，領導者應設身處地關心成員，協助解決問題，並應注意不要任意批評前人、不可於眾人面前責備員工，以及不要要求成員有領導者的視野等，以維護員工尊嚴，重視人性尊榮與價值。

得民心者，得天下

　　《史記・高祖本紀》中高起、王陵的對話：「項羽妒賢嫉能，有功者害之，賢者疑之，戰勝而不予人功，此所以失天下也。」得民心者，才可以得天下，做為一個好的領導者，一定要懂得「帶心」，要讓團隊的凝聚力提升，才是最佳的領導。「帶人，要帶心」，一定要以身作則，做為員工的表率，要建立與員工間的互信、信心與尊重，自然就可以「帶心」。

　　帶人要帶心，帶心從尊重做起，從感動出發。

163

扮演好角色

　　過去只要有機會，在一些有家長的場合，我都會特別提到一個觀念，「我們不一定望子成龍，也不一定望女成鳳，但要教育孩子，懂得做什麼像什麼。」其實這就是在告訴大家，必須要懂得「角色扮演」，我們在職場上都要善盡本份與職責，勇敢做自己而不踰矩。

校長及主任角色的同與異

　　學校行政在學校經營中，校長及主任一直扮演主導的角色，也在組織中擁有一定的地位和影響力。就校長而言，他是一個機關的首長，也是學校的代表人，更是學校形象的代言人，校長的角色與職掌，依《國民教育法》的規定，就是「總理校務」；主任是校長的核心幕僚，與校長的關係最為密切，校長的治校理念需要主任去執行，校長做決策時，也需要主任提供參考諮詢意見，因此，主任的角色職責就是協助校長「總理校務」，我們也常常說，主任是校長的左右手，原因就在此。

　　校長和主任的角色有其共通處及差異處，就共通處來講，他們對政策內容、行政管理、教學領導、課程實施、公共關係等，以及各種校園經營專業與問題，都必須要熟悉與了解。就差異而言，在角色上，或行政權力行使上，還是有某程度的差異，臚列如下：

一、校長是一校之長，對校務負有直接的成敗責任，亦即校長是負全責；主任是間接的責任，大多為執行不利或有疏失的責任。

二、校長是機關首長，而主任是由校長聘任，是校長重要的左右手，行政倫理上有隸屬關係。

三、主任一定要懂得「老二哲學」，做任何事情或決定，一定「心中有校長」。

四、主任對任何好的事情，要謹守「成功不必在己，而是在校長」，因為校長是學校的代表；校長要秉持「成功在老師，而不在個人」，因為校長是全體教師的代表。

■ 校長善用組織，敢於授權主任

　　隨著校務工作的日趨龐大繁雜，校長角色已面臨較往昔更多的衝突、壓力和棘手的問題，實不太可能「事必躬親」，應適當的授權各主管，借重學校成員的能力來處理例行及繁瑣的各處室工作。語云：「一流的領導靠組織，二流的領導靠幹部，三流的領導靠自己。」優秀的校長應重視校務的領導與監督，做重要的決策與解決重大的問題，並懂得授權予主任，協助及督促成員做好每件事情。因此，校務領導必須同時重視校內正式與非正式組織的存在，一方面明確劃分業

務權責，健全學校正式組織，分層負責，實施授權，委予成員責任，並非得事事請示，在一定授權範圍內能自主處理業務；另一方面要掌握非正式組織，運用其高度的成員凝聚力及優勢，來協助解決學校的問題並促進學校的安定與發展。

■ 扮演好角色，善盡應有責任

當我們理解校長和主任角色的同與異時，我們進一步必須在這個角色和職責上去善盡自己更大的責任。就校長而言，須積極思考如何促進學校與社區、上級長官、民意代表的對話與溝通；就主任而言，更須思考如何承上啓下，做好校長和老師之間的溝通橋梁。

在學校行政體系當中，校長是學校的領航者，也是最重要的靈魂人物，而主任經常在校長和老師之間當夾心餅乾，要推展校長的政策，也要考慮老師的感受。因此，校長和主任需要齊心協力，共同維持校園的和諧，也唯有廣結善緣、以誠相待，以學校的發展爲共同職志，成爲最佳的拍檔，這個學校才有可能展現更大的能量，再創學校的另一個教育高峰。

有心，幸福就在你我身邊

我剛到國資圖的時候，就提出了「以閱讀提升幸福感」的願景，將這個圖書館定位為「幸福館」。有一天，圖書館的志工隊隊長和我分享，有次他向館內同仁問候近況時，同仁開心地回答說：「我們現在不是幸福館嗎？當然很幸福！」由此可見，這位同仁應是常聽我的分享後內化，有實踐幸福館的心意，很自然地就說出這樣的回應，也代表他將館當成自己的家來看待。因此，要落實機關的願景，心態是很重要的關鍵。

從「有心」開始

組織通常都會有一個 slogan，但不能只是流於口號，重點在於是否用心去實踐。我始終相信「以閱讀提升幸福感」不只是口號，更需要化為行動，在圖書館裡落實。如果「有心」，就會將圖書館當成一個大家庭，愛護她、呵護她、肯定她、支持她，進而挹注更大的能量。以下提出「有心」在組織中的意義如下：

一、自我認同

有心，員工對組織就會有認同感，組織才會因而偉大，員工若沒有自我認同，組織則顯得毫無朝氣與活力。

二、良善態度

有心，自然就懂得「僕人領導」，就會待人親切和藹、面帶笑容、有禮貌。

三、正確價值

有心，就會有正確的思維，自然就有良好的價值觀，規劃的活動才會有故事、有生命、有方向，也才會接地氣，讓民眾有感。

四、融入組織

有心，就會以館為家，於工作、生活中所思、所見、所聞，無時無刻總是思索能否轉換成組織可用的創意。學習民間企業的經營模式，或關心社會正在探討的議題，思考如何轉換到工作與生活當中。

■ 實踐「五心」，溫暖身邊的每一顆心

「有心」是所有事情的第一步，但其實「有心」還是不夠，因為有心但不用心，沒有一顆關愛的心，或在執行過程中不具耐心與細心，也沒辦法將一件事情澈底落實。這也是我常說的「有心、用心、愛心、耐心及細心」的五心服務，要讓民眾感受服務的人性化溫度。

有心，幸福就會在你我身邊。期許大家一起做一個「有心」的人，讓機關組織更為壯大，讓每個人都能感受到幸福；也要彼此關愛，愛就是要勇敢地表達出來。記得沈時華的廣告臺詞有一句「我熱愛我的工作」，就是一種熱情的展現，告訴我們「要有一顆熱情的心」，亦即對生活及工作要有熱情，只要有心就不怕困難。因此，「有心」是一切事物的開端，也是成功的源頭，是非常重要的一件事情。

溝通　執行

行政溝通的哲學思維

「溝通」在日常生活中無所不在，人與人之間，人與組織之間隨時都在進行著對話、意見交流，甚至沉默等訊息的傳遞與交換，一旦這些訊息影響他人產生反應，溝通行為也就產生了。

溝通的重要性

溝通，是流通雙方、疏通意見，使其融洽，在英文 communication 字義中，則含有「分享」（to share）或「建立共識」（to make common）的意思。因此，溝通即生活，在行政領域中，溝通也是無所不在的。行政學者 H. A. Simon 提出：「沒有溝通，就沒有組織。」組織理論學家 C. I. Barnard 也說：「行政的基本功能首在建立一套溝通體系。」可見溝通在組織中的重要性。

近年來隨著校園生態的改變與主體意識的興起，學校成員之間的溝通也愈來愈頻繁與重要，教育行政人員更應積極了解教育行政溝通之意涵，並妥善運用有效的溝通技巧，以達成溝通目的，並使組織運

作更爲順暢。

■ 溝通是一門藝術

　　「溝通」不只是一種技巧，同時也是一門科學及藝術。因爲溝通過程中會藉由相關數據資料的佐證，讓他人了解或信服，講究的是客觀事實的呈現，所以是一門「科學」；溝通也會因個人在不同的情境採用不同形式，藉由「動之以情、說之以理」做爲互動的方法，誠如「戲法人人會變，巧妙各有不同」，所以溝通也是一門「藝術」。

　　良好有效的組織溝通不僅可以發揮溝通的功能，達到組織目標，更可以讓組織運作更加順暢；在個人層面，有效的溝通是人際關係的潤滑劑，也可以促進主管的領導效能。

■ 善用溝通的哲學

　　我在教育行政十幾年的經驗中，歸納整理現今校園生態與行政實務所得，並揉合上述有效溝通的意涵，提出以下教育行政溝通的 5 項哲學，供大家參考：

一、善用「走動管理」

　　所謂「走動管理」（management by wandering around, MBWA），是指高階主管利用時間經常抽空前往各個辦公室走動，以獲得更豐富、更直接的員工工作問題，並及時了解所屬員工工作困

境的一種策略。教育領導者應該善用「走動管理」，拉近與同僚或教師的距離，並第一時間了解其工作問題，協助解決，或立即給予鼓勵獎賞，但須小心避免造成監督、監視的情形。

二、加強「支持」與「協助」的溝通行為

教育是一種專業，絕大多數的教師希望學校能尊重其專業自主權，所以學校領導者應尊重教師的教育專業，支持教師對教學所做的處理與決定，協助其解決問題及發展專業。

三、掌握「溝通時機」

良好的溝通時機可以促使溝通順暢與成功，學校領導者應能體察溝通的適當時機，因人、因事、適時、適地，把握每一個環節。例如要與教師討論教學問題，並希望教學方式略微調整的溝通，應儘量避開教師上、放學執行導護忙碌的時間，或疲累、心情不佳的時候，應利用教師空堂，或是能心平氣和接納別人建議的時候，這時候的溝通較為有效，也較能達成目的。

四、以「合作妥協」權變處理校園衝突

校園生態的改變，導致學校行政單位、教師會、家長會對於學校校務決策皆有參與及決定權，而不同成員的立場與利益，在學校重大議題的討論上常出現爭論與衝突的場面。此時學校領導者或可考慮以「合作妥協」的態度來處理校園衝突，在「兩害相權取其輕，兩利相權取其重」的原則下，以合作代替抗衡，避免「一人一把號，各吹各

的調」的情形消耗學校資源。

五、多元使用「溝通技術」

學校領導者在推動政策、舉辦活動、行政規劃、創新作法的時候，可以使用下列多元的溝通技術，協助溝通的順利進行，並能有效達成組織目的：

(一) 善用新媒體及社群網站平台。

(二) 擬定政策說帖。

(三) 發布新聞稿。

(四) 透過網頁宣傳。

(五) 舉辦教育成果發表。

(六) 利用地方電視、廣播及平面媒體。

(七) 舉行說明會、宣導會、公聽會等。

(八) 自辦刊物。

(九) 參加村、里民大會。

80% 的問題在溝通，80% 的溝通問題在傾聽

有人說「80% 的問題在溝通，80% 的溝通問題在傾聽」，教育行政問題絕大部分是溝通不良所致，而絕大部分的溝通困境，出自於沒有傾聽。所以妥善運用溝通，將促使教育行政績效提升，而良好的溝通除了闡述意見外，更要適切的做好傾聽。

任何一種形式的人際互動都須以眞誠、尊重爲出發點，溝通亦然，出自眞誠的對話，尊重對方的不同意見，並信任屬下的能力，會使得溝通較爲順利。尤其，校務處理應讓各處室去討論和承擔，採分工分層負責，運用團隊合作模式，營造校園和諧、團隊合作及有績效的組織氣氛。

溝通的先備關鍵

　　之前看到遠傳電信的一個廣告，非常打動人心，名稱是「因為有愛，所以每句話都要好好說」。遠傳是以廣告公司試鏡的名義，將鏡頭對準 6 組家庭，進行了一次真實的錄影，過程中設計了一個情境式的場景，特別安排父母親和孩子分別在攝影棚的 2 個空間，透過視訊，孩子可以看到父母在另一個攝影棚的情況。

溝通即生活

　　場景的一開始是，孩子還沒到（其實已經在隔壁的攝影棚），父母打電話多次催促，通話過程中，父母從關心、擔心到隱憂，而孩子的口吻則從平常、不耐煩一直到不高興，當孩子透過預設好的鏡頭看到自己無心的回話，居然會讓父母露出難過的表情，有感而發，場景的最終，孩子把門推開，抱著父母親哭著說，「以後我不會再這樣對你說話了。」

　　我們通常會因為和家人的距離太過親近，而忽略了彼此存在的價值，忘了給對方應有的基本尊重，甚至將父母那種深層的關愛當做是天經地義、理所當然，而未好好珍惜，經常在生活互動中不經意的刺傷對方。

溝通的先備元素

　　從上述的例子可以發現，遠傳所要傳達的訊息，或對外溝通的內涵，就是要透過這樣的情景去感動人，而「感動」就可以達到「溝通」的效果。我自己從這個「感動溝通」的例子深刻領悟出，在針對問題的溝通「前」，其實有 2 個很重要的先備元素：

一、人情味的運用

　　過去人們常講，「有理走遍天下、無理寸步難行。」國外在看待問題時通常是法、理、情，臺灣長期以來都是很講究人情的社會，則重視情、理、法，這無對與錯，是一個社會因為文化價值的差異所導致的不同現象。我們也有一句順口溜，「見面三分情、認識五分情、親人七分情，自己人有事就好商量，有關係就沒關係、沒關係就找關係。」它其實就是一種人際關係的智慧，告訴我們在處理事情時，如果雙方有誤解發生，只要我們願意走出去，本著「見面三分情」去做禮貌性的拜訪，也會因面對面而解決，這就是化解歧異一開始最好的方式。

二、先調整好自己

當我們面對問題、解決問題，要透過溝通來化解各種歧異之前，一定要將自己調整到最佳的狀況，才有可能達到最好的效果，所以「說服別人前，先說服自己」、「整理好自己的情緒」，以及「給對方的第一印象要好」，是 3 個重要的基本關鍵。

(一) 說服別人前，先說服自己

對你想溝通的訴求或問題，若自己都無法接受，就無法做好溝通。例如一個學校校長在推動某項政策時，引起老師的反彈，校長為爭取老師的支持，請主任透過正式或非正式管道向老師進行溝通，惟此時若主任本身對校長的理念或作法並不認同，可能就只能做到「轉達」校長的意念，而無法對老師做更有說服力的理性「溝通」。所以必須先將彼此的角色易地而處，同理校長的立場或困境，去理解事情的原委，當自己也接受這樣的想法時，很自然在溝通過程中，就會思考如何對老師「動之以情、說之以理」，而達到有效的溝通。

(二) 整理好自己的情緒

不要在自己情緒不好或時間不對的時候處理問題，會帶入情緒性的話語而造成反效果。

(三) 給對方的第一印象要好

要懂得形塑正面的形象，營造好的溝通氛圍，讓互動的多方能夠感受到你的真心誠意，自然就能獲得好的效果，亦即，透過好的第一印象來為自己加分。

深化自我行銷

　　教育是良心的工作，尤其在傳統農業社會的時代，非常強調務實的教育，所以對教育的任何作為或成果，通常不會主動對外包裝、推銷及宣傳。但隨著工商社會的發達，現在正處於一個競爭的社會，各行各業包含教育工作，都需要找到自己的特色、定位及品牌，懂得行銷自己，才能屹立於市場中不被淘汰，得以永續發展及壯大。現在甚至已經是一個「自媒體」的時代了，更應該要善用各種管道去自我行銷。

　　在這樣一個直播的年代，自己有好的作為，別人也不一定會幫你宣傳，如果沒有透過管道積極地展現出來，是不會有人知道的，我們不只是要努力地「做些什麼」，也要讓別人知道你「做了些什麼」。換句話說，自己的好，自己要懂得說，要主動的對外表露。因此，各個組織在這個瞬息萬變的年代中，一定要掌握自己的利基及優勢，好好的「深化自我行銷」。

　　在組織行銷當中，我有以下想法可提供給大家參考：

一、細節決定成敗

細節總是容易為人所忽視，但往往最能反映一個組織的真實狀態，所謂「小事成就大事，細節成就完美」，細節成為產品或服務質量最有力的表現形式。因此，任何工作執行一定要有計畫、有目的、有系統和有配套地進行規劃，同時留意各個細節，並站在各方的立場上進行反思，反覆檢視是否有不足之處，以臻至完善。因為，魔鬼藏在細節裡，細節可以決定成敗，1% 的錯誤會帶來 100% 的失敗，因此在各環節的規劃上，須處理得更為細緻。

二、要懂得 7/38/55 定律

西方學者雅伯特‧馬伯藍比（Albert Mebrabian）提出「7/38/55 定律」，說明了一個成功的溝通，7% 是取決於談話的內容（言之有物），38% 在於談話過程當中的手勢、舉止、語氣等肢體動作，高達 55% 的比重則決定於外表給人的感受。也就是說，現在是一個重視包裝的年代，「外表」正是讓內在得以向外溝通的橋梁，組織一定要重視「表面效度」的溝通效果。

三、要懂得閱讀空氣

「閱讀空氣」這個名詞最早流行於日本企業界，在當時競爭的市場裡，為了能夠生存，創造更多的利潤，讓企業持續壯大，他們深知環境氛圍的重要性，所以有一段時間在企業界流行見面的第一句話就是，「你今天閱讀空氣了嗎？」因為空氣本身無色、無味，很難實際感受到它的存在，藉此比喻在競爭的職場當中，提醒我們必須更留意

體察周邊的氛圍，懂得察言觀色，凡事根據所處場合的氛圍或情境，去提出適當的決策與判斷，才能精準的執行，並帶領企業創造永續的藍海。

對於教育領導者而言，在這個變動的年代，每天須面對形形色色的家長，以及各個不同的利害關係人對學校提出的意見。因此，學校為滿足外界的需求及建立信賴感，除了要注意各項教育事務執行的每個細節，並重視表面效度外，更需要依據學校的環境氛圍，以及學區的需求，去做適當的因應與決策，才能讓學校建立與社區間的信任關係，並符合社會的期望和社區家長的期待。

政策執行的關鍵能力

「教育要有價值觀，工作要有成就感」，有好的價值觀，才能引導正確的方向，對所達成的工作，才會有高度的成就感。為了讓價值觀的實踐能成為有內在價值的成就感，必須留意以下 3 項重要的關鍵能力。這些能力如果沒有在職場上養成，就會發現很多事情無法完美的執行，感覺就像缺了臨門的一腳，在關鍵點上無法突破，而產生遺珠之憾。

一、預見危機的能力

一個政務官或首長，一定要有預見危機的能力，必須要能看到政策執行可能帶來的優勢和利基，也同時要能預見政策背後所存在的負面影響或潛在危機。政策本身通常都是有感、利民，政府才會去推動，可是任何一個政策的背後都存在著一些無法預測的負面因子，此時身為政務官或首長，就必須要能夠提前去預見負面的因子，予以適當的處理。我常想，能夠當到一位首長或領導者，一定會有豐富的經驗、獨到的見解、長遠的眼光，所以應該比別人更清楚地看到這些事

件對未來的影響層面，而提前予以適當規劃，融入執行。

二、風險管理的能力

對於一個即將要執行的新政策，必須要先做適當的 SWOT 分析，或針對事件做簡單的影響評估，以及風險的控管，找出風險點，予以適當的管控，以減少突發狀況的發生，才不致眞有突發狀況時，因事前未有適當的因應措施，而不知所措、擴延危機的影響範圍。因此，做任何事情皆無須害怕，只要事前做好風險評估，並加強防範因應，相信一定能展現應有的成效和預期效益。

三、細緻規劃的能力

「態度決定高度，細節決定成敗」，我們也常說「魔鬼藏在細節裡」，所以很多細節若沒有討論清楚，並做更細緻的規劃，往往會美中不足，也可能因爲這個小細節沒處理好，而影響整體事件的執行。以前曾發生辦理大型活動，大費周章邀請重要貴賓來參加，結果貴賓致詞時，麥克風沒聲音，現場一片尷尬。所以**細節眞的會決定成敗**，在這麼隆重的場合，如果主辦單位未掌控好每一個細節，往往會功敗垂成。以會場而言，會前就應該針對所有的場地、設施、設備、燈光、音響、音控等進行檢測，以減少突發狀況發生的風險。

政策執行一定要有**目標**、**有步驟**、**有計畫**和**有配套**地進行，能看見問題所在，進行風險控管，並留意各個細節，站在不同立場進行反思，思考其需求，補不足之處，以展現執行成效。

好的政策，貴在執行和溝通

　　在報章媒體上，有時可看到一些叫好不叫座的政策，亦即有很好的政策和作法，到頭來卻功虧一簣，其關鍵就在於「執行」和「溝通」。「執行」要掌握細節，若沒有留意細節，很可能因某些不周延讓原有政策的美意大打折扣；「溝通」，是透過組織人員或團隊之間的訊息交換、情感表達、行動傳遞等歷程，解決歧見、建立共識、維持組織運作順暢，並以達成組織目標為首要鵠的。也就是說，執行前先透過溝通搭建一個平台或橋梁，讓各個利害關係人能夠盡情充分討論、協調意見、尋求共識。

■ 執行，「先」溝通是重要關鍵

　　「執行」和「溝通」是一體兩面，「執行」過程須透過「溝通」，才能精進作為。對任何事情應及早籌劃，做縝密的分工，並避免因欠缺溝通的平台或未注意細節，導致處事不夠周延而衍生不必要的困擾或疏失。溝通重在「事前」，事前溝通可彼此討論執行細節，

確認 SOP 和各項分工，執行過程較不會有偏差。若事前未溝通，可能因為各項協調工作的不足，而造成執行的困難或無法達到預期效益，而被事後檢討或被要求提出改善作為。

所以，「事前溝通」遠比「事後檢討」來得重要。或許也可以說，「成功的人於事前溝通找方法，失敗的人於事後檢討找藉口。」因此，溝通確實是執行過程的重要關鍵。

想法不一定馬上變成作法

我經常和成員提到一個觀念，任何想法不一定馬上變成作法，哪怕是好的想法，也可能因理想性較高，尚不一定切合實際，因此必須經過審慎評估，才能執行。事實上，有建設性的想法在經過討論後會變得更可行，甚至不成熟的想法，也會有另類的參考價值。所以，我常常勉勵成員對人、事、物要有自己的想法和主見，為了組織的發展，這些都是可以提出來討論的，只要具體可行，沒有不採納的；但如果有偏差，也不可以堅持己見。所以，主管不要怕成員提的意見不成熟或不可行，應協助成員找到適合的方法和工具去執行，我認為這也是主管的責任，也因此，執行溝通的平台相對變得重要，我也經常在思考如何建構各式的溝通平台。

建立執行溝通的平台

我擔任館長的職務，和過去於其他的教育行政機關屬性有些不

187

同，但無論如何，多搭建政策溝通的平台，在哪個組織裡都是同樣重要的。所以在我上任後即思考如何多增加一些溝通的平台，讓館的業務能夠持續穩健、精進及突破，所以在原有的館務會議、圖書館諮詢委員會和數位資源推廣小組之外，我增加了走動式團隊關懷、Brainstorming 數位論壇、點子小組等三種機制，實際運作並確實發揮功能。

　　事實上，這三種溝通平台機制，也可以提供做為未來組織經營的參考模式，說明如下：

一、走動式團隊關懷：破除科層體制的僵化運作，讓溝通零障礙

　　一般行政機關是屬於金字塔型由上而下的組織型態，是一種官僚的科層體制，這是無法改變的，但為了做順暢的溝通及有效的領導，我們可以將金字塔結構扁平化，將組織內部的互動模式，由上下的權力關係拉成平行的互動交流，縮短上下的差距以充分溝通，共同朝組織的願景及目標前進。

　　「走動式團隊關懷」即是為了破除科層體制既有結構的一種創新模式，有別於傳統的「走動式管理」，傳統模式是由單一首長或領導者單獨巡視組織內的各個部門及空間，具視導、督導及輔導的效果，是官僚體制裡上對下的一種指導性質，較缺乏互動及討論；「走動式團隊關懷」則由首長帶領各個主管一起實地走訪各部門以蒐集意見，一有問題可即時研商，提升施政效率，讓首長和主管為一體，以團隊合作的方式與員工互動，拉近彼此的距離，產生團隊凝聚力，讓溝通無障礙，專業意見得以充分交流。

二、Brainstorming 數位論壇：自主性地由外而內做自我檢核

為廣納多位教育領域專家學者的建言，以提供圖書館施政方向的參考，創設了「Brainstorming 數位論壇」，所聘請的委員都來自外部，並不具圖書館的相關背景，用意是為了讓這些委員做為一個廣義的讀者，以讀者、旁觀者的身分為圖書館檢視其功能及職掌，並更進一步提供讀者服務的需求建議，進而可以客觀地檢視圖書館服務是否尚有不足之處。

這有點類似目前有些企業的作法，以顧客為導向，為精進組織所採納的一種「祕密客」制度，是一種自發性的透過外部委員來做自主的檢核。因為不是一種評鑑，所以這些外部委員可以客觀地理解及檢視館的業務、功能及成效，藉外部的客觀做真實的意見回饋，做為未來經營上的重要參考。

三、創新服務點子小組：激發創意發想自內向外展現組織動能

一個有發展性的組織應為一彈性的有機體，成員不應固守本位主義僅做份內的事，為了讓組織不僵化、擁有更大的活力和動能，我在圖書館任內設計籌組了「創新服務點子小組」，透過制度鼓勵大家不斷的去發想，願意把自己的專業及經驗轉化成一種想法，再透過不斷的討論，將想法成功變為可行的作法，就不會侷限於原有的工作。點子小組在施行過程中，也確實發揮了政策執行平台的功能，並因扁平化、平行的溝通方式讓大家得以暢所欲言，成為基層意見交換及討論的平台。

■ 發展組織為一彈性的有機體

綜上所述，一個組織可藉由「走動式團隊關懷」模式解除科層體制既有的僵化框架，讓組織成員之間溝通無障礙；再透過「Brainstorming 數位論壇」由外而內地自主檢核與回饋，做為內部精進的客觀參考；同時，藉由「創新服務點子小組」的討論平台，由內向外地展現組織動能，將組織成員的專長和經驗轉化為想法，再彼此激盪將想法成功變成作法，以增加整體的創意能量，組織因此得以發展為一彈性的有機體。

上述三種機制可提供給組織做為經營管理的參考，尤其對剛接任新職位者，當他面對一個全新團隊時，更需要具備這樣的思考方向。

教育直播學

　　最近我看到《今週刊》有關〈網紅身價知多少〉的報導，深有感觸，現在眞的是一個網路聲量可以轉化成金錢的時代，其影響力無遠弗屆，網紅（Internet Celebrity）確實是一個很火熱的商業模式，現代的各行各業或許都非了解不可。

■ 網紅年代 —— 全球最夯的發展趨勢

　　尤其，我們發現之前迅速竄紅的理科太太，2018 年 6 月才在 YouTube 開設頻道，不到半年就已經累積近百萬的訂閱數，理科太太的「知識科普」所塑造的權威形象和可信度，讓她成功與主流接軌，很多政治網紅或 A 咖明星都喜歡找她搭配宣傳，互相拉抬聲勢，這樣的網紅市場爲她引來更多元的收入來源與無限的商機。

　　現在政府部門也留意到社群媒體的力量，透過直播平台發揮政策宣導與政策辯護的效果，比如 2019 年蘇內閣上任時特別鼓勵各部會，未來要善用網路行銷的工具與民眾進行溝通，被媒體稱爲「網紅

內閣」，針對政策亮點可透過直播的平台進行推播，負面新聞也可藉此做政策的辯護或說明，之後也被稱為「接地氣、衝經濟內閣」。

不只在政界有類似的效益，企業界也都嗅到社群網站的強大影響力。鴻海董事長郭台銘在 2019 年 3 月開設了臉書粉絲頁，之後又加上 Line 官方帳號，透過這樣的平台去闡述自己的經營理念、想法及新作為，以及外界關心議題的說明等，有幾次因民眾對其公司有所誤會，郭董就直接開直播現場進行解釋。大老闆也愈來愈像網紅，其效果顯著。

從世界各國來看，美國總統川普以推特（Twitter）治國，也帶動了美國企業界的跟進，藉此揭露公司的動態；包含法國總統馬克宏也透過直播，對外發表法國和歐盟的主張。所以，這是一個全球化的趨勢，上自國家領袖或企業老闆，下至各行各業的基層小民，都愈來愈懂得善用這樣的平台，這確實是現在最流行、最夯的火熱趨勢。

■ 善用直播經營祕訣，擴大整體行銷效益

談到直播，現在最常使用的，就是透過 FB、line、YouTube 等載具進行直播分享，但很多人會發現，自己上傳的影片、活動 po 文，或直播的內容，有時甚少人點閱或觀看。其實，直播也是需要用心經營的，以下有幾個重點提供大家參考：

一、全體總動員

掌握基本觀眾群，所有學校人員，包含志工，這群人是基本的觀

眾，對自己學校 po 的訊息都應該要去 follow、去按讚。通常官方發布的訊息，只要按讚人數達 50 人以上，就會讓人覺得這部影片是有人在觀看的，是有意義的 po 文，而不是廢文。

二、留言功能可停用

若無特殊用意，基本上，社群網站的留言功能可考慮停用。因為我們觀察到一個社會現象，會上社群媒體留言的人，通常不一定都是正面的回應，酸言酸語也非常多。而使用直播進行行銷的機關，特別是學校及教育文化單位，通常是要達到行銷的效果，所以，要避免在建立形象的同時，又得花費心力去解決負面的、不中肯的酸民意見，在這個情況下，就會建議停用留言功能。

三、Po 文關鍵字要精準

一般社群網站上的資料通常都是設定公開的，希望讓大家推播分享，引起共鳴。很多人都是透過搜尋來找資訊，所以關鍵字就變得很重要，Po 文關鍵字要下得精準，找到最適合的 Key Words，並適時善用 @、# 等標註功能。

通常要上傳的影片都製作好了、活動規劃得很吸睛，或者 Po 文內容非常精彩，但在還沒看到這些影片、活動或訊息前，大家是先看到社群網站的主頁文字。所以，主頁上的敘述內容，更顯得重要。因為現代人每天接收的訊息非常龐雜且多元，如果無法在第一眼就吸引他們的注意力，這個訊息就會直接被跳過了。所以，這些敘述影片的關鍵字或摘要，通常比影片內容來得重要，故必須強化主頁的介紹文。

四、善用貼文串

　　主頁的 po 文通常都不被重視，因為過去都強調群發，直接送到按讚的粉絲群。以官方帳號 line@2.0 來說，2019 年年中就已經開始試用，9 月將全面改版，line@ 原來的做法是，當你有帳號密碼，取得官方 line 時，就可以一直 po 訊息，每年付基本的費用即可；改版之後，月租 4,000 元只能發 25,000 則訊息，採用的方式是分客群，以類似分齡、分眾的方式，針對目標群進行群發，其他人則要自行到主頁去找 po 文。所以要更善用貼文串，透過貼文串分享到聊天室，或複製連結分享到其他網站。

■ 校長直播公開課，激勵教學團隊

　　直播年代的影響力，也在臺灣的教育界展開。108 課綱已開始上路，新課綱規定校長、老師每年都至少要「公開課」1 次，包括備課、觀課、議課 3 階段。「備課」時一起討論教材及教法；「觀課」時記錄其他老師的上課狀況，以及學生的反應；「議課」時老師們再從學生的回饋中，彼此協助，精進教學。

　　校長是一校的教學領導者、課程領導者，也是首席的教師，在學校場域上，基本上是老師的老師，但臺灣多數的老師考上校長後，就只注重行政。因此，透過「觀課」，可以讓校長回歸教學領導，和老師一起進行公開課、做專業回饋，彼此建立信任機制。另外，校長「觀課」可做為表率，共同備課彼此就像團體夥伴，可以彼此激勵，以精進教學。呼應上述直播的影響力，在網紅年代，校長如何順勢推

動直播公開課，以網路平台翻轉教學，將是教學轉型的契機，更會因此創造新的教學模式。

網紅風潮啟動翻轉教育的改革時刻

最近在一個場合聽到我的好朋友林海清教授提到，十二年國教之後，校長也要懂得直播學，「當網紅的風潮成為上下交相追求的時尚時，學校教育不得不思考跟著改變，尤其最近有位號稱網紅的校長，帶領全校師生又唱又跳的生動直播風靡全校師生，讓我們意識到教學又到了進階版的翻轉時刻了。過去我們有遠距教學、網路教學、平台學習、線上學習，但這都是以老師為主軸的教學模式，如果課堂上改成直播的教學模式，恐怕老師的教學方式、學習的互動方式等，更需要澈底的翻轉。」

因此，「直播教學」將會是一個改變思考的翻轉點，尤其最近我在一個教學場合與老師們聊到，現在其實很多老師已經在透過「直播」的公開授課模式進行教學，將比較重要的課程內容全程錄影，po 在網路上供學生們觀看複習。尤其正值十二年國教教學實踐翻轉啟動之際，如果能夠順勢而為推動學校的直播教學，相信對校長、對老師都是一個進階版的教學專業成長，值得拭目以待，讓大家一起來觀看這一波網紅教育對我們學校教學翻轉的啟示。

校長，你今天直播了嗎？面對網紅世代，你不妨試試。

網路社群之經營

　　一般所謂的「媒體」，就是傳遞訊息的載具或工具，舉凡報紙、廣播、電視、雜誌、網路等我們所熟悉的媒體工具都是，我們也稱之為「大眾媒體」。透過媒體的傳播，可以讓大家在知的方面獲得滿足，所有人都能透過媒體，知道社會甚至全球國際上發生的種種事件。因此，媒體在生活中扮演著相當重要的角色。

人人都是自媒體

　　尤其，現在是一個網際網路發達的時代，也是一個數位的年代，只要懂得運用 3C 載具，每個人都可以自拍、自導、自演，並且將訊息 po 在自己或別人的社群網站上。每個人都可以將自己的想法無遠弗屆地傳達到世界的任一角落，如同以普普藝術著稱的安迪·沃荷曾預言：「未來每個人都有 15 分鐘成名的機會。」因此，我們也稱這個年代，是一個「自媒體」（We Media）的年代。

事實上，網際網路及新聞媒體，已經成為社會發展公平正義非常重要的力量與資本。因為，所有的閱聽人，自己本身就是媒體的一分子。網路社群具傳播力強、即時迅速、互動性高、無遠弗屆、無孔不入、不可控制等特性。因此，網路社群的使用，可以是助力，也可以是阻力，可以讓人一夕成名（上天堂），但如果使用不當或傳遞不實新聞，也可以讓人瞬間身敗名裂（下地獄）。因此，我們也常說，「成也媒體，敗也媒體。」

■ 網路社群經營之道

就機關來說，如果可以善用網路社群的力量，可有效形塑品牌、提升能見度，帶給機關更大的正向能量。那應該如何有效經營機關的網路社群呢？綜合歸納一些實務經驗，有以下幾個很重要的概念：

一、鎖定目標群

機關單位必須先確認你的 TA（Target Audience），也就是你的閱聽人，所呈現的題材必須要扣準你所要傳達的對象群，符合他們的口味，這樣的訊息才會有效，才能讓他們心有戚戚焉、有所感觸，才能吸引他們的興趣，願意讀取訊息、閱讀內容。

二、簡潔有力的標題

基本上，從現在很流行的網路新聞平台可以發現，訊息內容再怎麼精彩，但若沒有一個令人感動、聳動、吸睛的好標題，是沒有辦法

引起讀者注意的。尤其，在每日大量網路訊息充斥的數位時代，根據趨勢的統計歸結，短短 3.5 秒就決定了一個人是否閱讀某則訊息。所以，標題必須要精簡，最好是 7 至 10 個字以內，以展現文字最有力的權威，來與群眾互動。

　　另外，如果能將具有影響力的人名技巧性地落在標題裡，更能增加效果。傳統的標題多用驚嘆號，但數位化的時代比較喜歡使用問號，因為問號能夠有效地引起情緒的感染。

三、建立大量的弱連結

　　傳統的媒體傳播方式是單向的，由各大媒體針對單一的個人（TA）進行傳播，但在現今的數位時代，關係已經翻轉，這些個人擁有許多大大小小的連結關係，以社會學的連結理論來說，就是強連結（Strong Ties）和弱連結（Weak Ties）。「強連結」指的是由親密的家人與朋友發展出來的連結關係，其關係相當緊密；「弱連結」則是指點頭之交，不太熟悉的相識者，但不是陌生人。

　　網路社群的經營，最重要的就是「建立大量的弱連結」，所有社群經營的目的都是在建構這個弱連結，因為，「弱連結」能夠產生相當強大的社群力量。以圖書館為例，建構弱連結的方式之一就是設立 Line@ 官方帳號，成立一群對閱讀相關訊息會有興趣與參與度的粉絲團，藉由會員（member）關係和對方產生一種黏著度，彼此間建立專屬的溝通方式，讓圖書館得以主動推播各式活動訊息，或有效傳達重要的教育理念。

四、善用病毒式宣傳

網路社群的「病毒式宣傳」（Viral Marketing）指的是，訊息的傳遞透過大量的個人自發性地複製轉貼（包括 share、like、comment），能在短時間內如同病毒般的迅速散布，產生一定的影響力。網路的言論自由是病毒式宣傳的第一要件，也是網路社群操作的首要關鍵。

以 FB 社群關係為例，粉絲人數破百萬的社群屬於大節點，20 萬左右的是中節點，其他的個人散布其中。在 FB 每日的相互分享中，小眾關係中只要有任何一個稍微大一點的節點，它的 followers 一旦超出這個社群原本的社群結構，比如教育界的訊息分享跨到非教育界，這個「跨界行為」就開始了「病毒式宣傳」的第一層。病毒式訊息一旦形成，擴散速度就會非常迅速，如果能夠善用的話，就能為組織帶來一定的影響力。

五、了解數位原住民的喜好

「數位原住民」（Digital Native），指的是從小就生長在有各式數位產品環境的世代；相對的概念則為「數位移民」（Digital Immigrant），是指長大後才接觸數位產品，並有一定程度上無法流暢使用的族群。以上二族群的年齡分水嶺為 40 歲。數位原住民和數位移民的網路使用習慣差異相當大，因此當我們在做網路社群經營時，一定要留意二者的喜好和趨勢，並依據其差異性做適當的推播。

　　舉例來說，40 歲以上的「數位移民」，希望看到的是比較深入的、全面性的、主題式或專題式的內容；40 歲以下的「數位原住民」則對吸睛的標題、圖像式的、具懶人包性質的內容較有興趣。因此，在內容題材上要留意針對不同的對象群，彈性規劃不同的推播方式。

　　綜上歸結，在這個變異的年代，大家為何會想將訊息上網分享、推播，並介紹至其他社群？除了一定要有好的內容和好的載具之外，還要針對對象群的口味，落下生動、活潑、有趣、簡潔、吸睛、新穎的標題，建立好的網路連結關係，善用具影響力的傳播方式，有料、有故事，才會受到大家的喜愛。

■ 唯一不變的就是「變」

　　我們常說，時代在變、環境在變，唯一不變的，就是「變」。尤其現在我們面對的網際網路時代，有太多的變異、詭譎與未知，這是一個瞬息萬變的年代，甚至我們可以說，目前唯一可預測的，就是「不可預測」。因此，學會善用網路社群經營之道，才能在這個時代脫穎而出，為機關帶來更大的能量。

媒體溝通的技巧

　　「新聞媒體」是指獨立於行政權、立法權、司法權之外，監督政府行政作為的一種權力，我們通稱為「第 4 權」。因此，新聞媒體長期以來都是正義的化身，是嫉惡如仇、揭弊除惡，會反映社會的黑暗面，但也會因社會的需要和對弱勢的關懷，而展現其光明面，以平衡的報導來守護社會。

　　但我們不必因此將媒體視為洪水猛獸，應該把他們當做我們圈外的好友，平時可以結交幾個媒體的好朋友，但不一定掏心，當我們遇到一些問題時，可諮詢請教他們的觀點，或針對新聞專業的處理，請他們給予協助。

媒體關注議題的取向

　　臺灣是一個高度新聞自由的國家，自由民主是我們的價值，因此我們的新聞媒體在全球相對來說，算是非常發達的，已經從紙本、數位，發展到網路，甚至還有公民記者、實習記者，以及各種部落客等

形式，不再只是以團體的形式出現，而發展出許多種個人的形式。

所以，在這個媒體發達的時代裡，他們所關注的，除了大眾所關心的事物之外，也會為了新聞經營的需要，尋找新的賣點，新鮮有趣、腥羶寫實、社會衝突、意識形態、標榜獨特等，都成為新的發展方向。因此，新聞界裡有一句話這麼說，「狗咬人不稀奇，人咬狗才有新聞。」

■ 面對媒體的基本面向

不管媒體的演變、取向及喜好如何，我們在面對新聞媒體溝通時，一定要留意以下面向：

一、不獨家、不獨漏，公平對待各個媒體。

二、備妥資料（包含新聞稿、名片等），準備好，才對外說明；沒準備好，絕不接受採訪。

三、態度誠懇、微笑以對、展現自信、面對記者、立場堅定。

■ 面對媒體的技巧

平日大家都很會說，但面對媒體時，就不一定能夠侃侃而談、公開發表，所以在與媒體溝通互動時，有以下幾個小技巧：

一、事先備稿，依稿說明。

二、提供真實、即時，且完整的新聞資訊。

三、不要與媒體爭論、動怒，或落入其陷阱，心平氣和的理性對答。

四、必要時提供書面就好，尤其是高度敏感的議題。

五、不做不必要的回應，無關或延伸的議題不要回應。

六、如有跟事實不符的負面報導，應立即澄清，並婉轉請求適時的
更正。

媒體關係與互動

當前的社會環境，「新聞媒體」已成為人們仰賴的資訊來源，各行各業甚至無法在缺乏新聞媒體的社會中生存。隨著全球資訊網與網際網路的發達，加上人們對汲取新知的需求，於是造就了今日各種新聞媒體的蓬勃發展。

不同類型媒體的特性

媒體是社會公器，肩負著社會責任，其目的在於監督民眾利害關係人如政府、企業，同時提供民眾知的權利，進一步關懷弱勢和實現社會正義。媒體具傳播力強、即時又迅速、互動性高、不可控制等特性，故媒體可以讓人一夕成名（上天堂），也可以讓人瞬間身敗名裂（下地獄），可謂「成也媒體，敗也媒體」。不同的媒體則各有其特性，依我的實際觀察與實務經驗，針對五大媒體的特性整理其關鍵屬性及一般特性如下：

一、**報紙**：即時且多元 + 圖文兼具。溝通效果佳、可承載較大量的

文字及圖片內容、可以保存、隨時閱讀、重複閱讀、版面多元多樣、具地方分版、讀者範圍廣、報導綜合性。

二、**電視**：主播報導 + 讓畫面說故事。具時效性、影音效果佳、容易刺激民眾的感官、傳遞範圍廣大。

三、**廣播**：主播報導 + 內容故事化 + 搭配音樂。聽覺媒體、隨身性強、過程生動活潑、可鎖定區域目標、可網路化（以 APP 方式隨選、隨聽、線上閱讀）。

四、**網路**：即時新聞播報 + 快速修正訊息。立即性高、播報快、易獲取、互動效果佳、連結度廣、無遠弗屆、多媒體（影音）、可直播。

五、**雜誌**：專題報導 + 圖文兼具。依民眾關心及社會趨勢列專題、精準接觸目標群、圖像表現豐富、可數位化、可重複閱讀、傳播時效長、可保存。

■ 媒體關係就是公共關係

媒體關係是希望透過媒體來獲得民眾的了解與信任，機關和媒體之間的關係經營則有賴於公關人員之溝通和協調。其實，媒體關係就是公共關係，做為協助個人或組織，透過多元化且公開化的各式溝通管道與策略，與大眾建立良好的關係。公共關係的工具很多，包括新聞、演講、特殊事件、印刷品、企業識別系統、公益活動以及網站等，其中的「新聞」是最重要的工具。新聞有時候會自然發生，有時必須透過公關人員主動刻意的製造，而且公關在實際運用上，主要工作內容多為和媒體溝通，運用傳播媒介已成為公共關係的重要工作。

■ 媒體關係的運用

在媒體關係的運用上，記者會的召開、專訪安排、公關新聞稿發布、媒體餐敘、媒體聚會、廣編稿刊登等，都是建立良好媒體關係的方式，進一步說明如下：

一、**記者會**：重大活動或政策記者會。

二、**專訪安排**：整體性或重大議題專訪安排。

三、**公關新聞稿發布**：定期或針對重大議題發布公關新聞稿。

四、**媒體餐敘**：配合節日與媒體餐敘。

五、**媒體聚會**：參與媒體的聚會，例如歲末年終、會員大會、記者節。

六、**廣編稿刊登**：與媒體合作廣編稿刊登以供廣告運用。

其中，記者會的辦理，是媒體關係經營中最佳的形式，容易拉近與媒體記者間的距離，以及增進媒體公共關係。

■ 媒體運作策略

在多元開放社會中，機關應善用媒體的功能，讓相關政策及理念傳達給社會大眾了解，並與媒體建立良好的互動關係，從認識媒體，到了解媒體，進而善用媒體，以正確傳達機關訊息與提高機關能見度及形象，未來無論在危機處理或包裝宣傳上，都會有很大的助益。

一、媒體專責窗口

為了展現對媒體的尊重，對媒體要有專責的窗口，要讓媒體感覺這個單位是充分分工的。設立媒體公關聯絡窗口（新聞聯絡人）及對外發言人，建置媒體聯絡名單且定期更新，以避免獨漏媒體。

在新聞稿的格式中，一般政府機關的「新聞聯絡人」都是業務承辦人，我則提高到至少是科長級以上，依議題來設定，重大議題的就是首長、副首長，一般性議題的也要提升到科長級，並且採雙窗口，一個是業務單位的科長，一個是新聞媒體窗口的科長，共同並列，一併留下辦公室電話及手機。

固定的聯絡窗口其重要性有：可避免一問三不知或找不到對的窗口；讓訊息可即時傳遞，避免記者刊登錯誤的訊息；透過媒體聯絡人確保訊息的發布之正確性；遇危機事件發生時可在第一時間應對或排除，此外面對所有媒體須保持一視同仁（一致性），切勿有任何差別待遇。其中最重要的就是要避免提供所謂的獨家新聞，也就是新聞訊息發布要同步。

二、新聞稿的撰寫與發布

新聞稿的目的在完善告知，訴求簡單、明瞭、切中題旨，講求事實、勿灌水、勿誇大。基本內容中必要有單位組織名稱、聯絡方式、發稿日期、吸引人的標題、引言、內文以及照片，照片則須附上圖說。至於吸引人的標題方面，可多注意目前的流行趨勢和用語，例如釣魚式標題可視新聞稿內容或主題而加以應用。

國立公共資訊圖書館
NATIONAL LIBRARY of PUBLIC INFORMATION

【國立公共資訊圖書館新聞稿】

發布時間：106 年 1 月 25 日
承辦科長：閱覽諮詢科 ○○○科長
聯絡人：輔導推廣科 ○○○科長
聯絡方式：(04)2262-××××

現代人到底都看那些書呢
國資圖 105 年度借閱統計　結果是……

　　國立公共資訊圖書今發布 105 年度借閱統計，實體書總借閱為 183 萬 3,340 冊次，數量較去年增加 4.7%，合併視聽資源借閱後則為 210 萬餘冊次，成長 4.2%，呈現穩定微幅成長的狀態。

網路、影視文學作品長紅

文學類書籍歷來均是最受讀者歡迎的作品類型，並以小說體裁最為熱門，105 年文學書熱門榜中，前 20 名清一色是小說，黃易的《日月當空》蟬聯年度冠軍，金庸的《射鵰三部曲》、《天龍八部》、《鹿鼎記》等經典武俠小說人氣不減；輕小說中《灼眼的夏娜》、《零度領域》、《奇諾の旅》等也蟬連榜內。在影視相關作品中，《后宮‧如懿傳》、《步步驚心》、《別相信任何人》等原著翻拍影視、或由影視改編小說的作品也很受歡迎。

釣魚式的主標題

　　另外，新聞稿須統一標準格式，統一的標準格式就像企業 logo 一樣，是一種形象，更是確立發稿單位的可靠性。

教育新聞發布內部基本作業原則

　　發稿的時間，由於網路新聞已成為主流，發稿最佳時間以上午為優，先在網路曝光，透過點擊率、按讚率和分享數，可拉長曝光時間，進而促使報社於隔天以紙本（實體）刊出。有關新聞發布內部注意事項及基本作業原則如下：

一、活動日至少 3 天前提供新聞資料電子檔（附件包括新聞稿範例、檢核表、採訪通知）。

二、提供受訪名單、聯絡電話。

三、相關活動照片檔（jpg 檔 500KB 以上）請提供 5 張。

四、記者會中之演講、報告等相關資料（有助正面報導本活動內涵之內容者）。

五、至遲於活動前 3 日供稿。

六、準備 3 至 5 題記者採訪模擬題庫。

媒體運用的策略

　　在多元開放社會中，機關應善用媒體的功能，讓相關政策及理念可以適度地傳達給社會大眾了解，並與媒體建立良好的互動關係，從認識媒體，到了解媒體，進而善用媒體，以正確傳達機關訊息與提高機關能見度及形象，未來無論在危機處理或包裝宣傳上，都會有很大的助益。

認識媒體

　　民眾有知的權利，不管是哪一種訊息，只要是人民關心、社會普遍關注、新鮮有趣、爭執衝突，以及可受大眾公評的事，記者都會努力採訪發掘，將新聞報導出來，讓大眾有權知道。然而因新聞十分強調「事件的眞相」，有新聞價值才值得採訪報導，但有時因講究時效，無法在短時間內完全精準訪查，通常也會儘量做到「平衡報導」，以避免傷害或影響相關人員。

　　因此，我們平日面對媒體，不用把媒體當做新聞的狼，害怕跟媒體打交道，只要能進一步了解媒體的特性，自然就能把媒體當朋友而非敵人，從容以對，畢竟媒體是爲「大眾公益」而存在的，與廣告是爲了「特定利益」的目的截然不同。至於媒體的特性，經整理歸納如下：

一、蒐集有新聞性的題材。

二、以批判者的角度思考。

三、有新聞報導截稿的時間壓力。

四、希能引起社會普遍的關注。

五、尋找第一手的訊息。

六、突顯有賣點的訴求，力求獨特性。

七、爲弱勢及不公發聲。

■ 記者會的辦理策略

　　在媒體關係建立上，組織可藉由記者會的召開、專訪安排、公關新聞稿發布、媒體餐敍、媒體聚會（歲末年終、會員大會、記者節）、廣編稿刊登（廣告運用）等方式，來建立良好的媒體互動關係。其中，記者會的辦理是媒體關係經營中最佳的形式，召開記者會容易拉近與媒體記者間的距離，更可藉由記者會的流程中安排專訪和簡單茶敍，來增進媒體關係的維繫。

辦理記者會除了有助於與媒體互動外，新聞訊息也較易於上報或曝光，而一場記者會的舉辦則必須注意以下重點：

一、最佳的舉辦時間為上午 10 至 11 點。

二、記者會時間以不超過 1 小時為原則。

三、備記者資料袋。

四、備簡易茶點或點心盒。

五、開場演出活動安排。

六、明顯的接待處及專人接待。

七、最佳的拍照點（位置）。

八、創意且有 slogan 的活動儀式以供記者捕捉畫面。

九、受訪人安排。

十、專人攝影以利事後稿發布使用。

十一、長官及來賓致詞錄音以利廣播電台使用及事後查考。

十二、發布事後新聞稿。

十三、活動內容及新聞稿張貼官網。

■ 記者會的辦理流程

記者會的辦理最好於一週前即發出採訪通知函，記者會活動前 2 天再以 Line 或電話提醒。若記者未出席，必定要在記者會後發出事後稿與活動照片，相關流程如下圖：

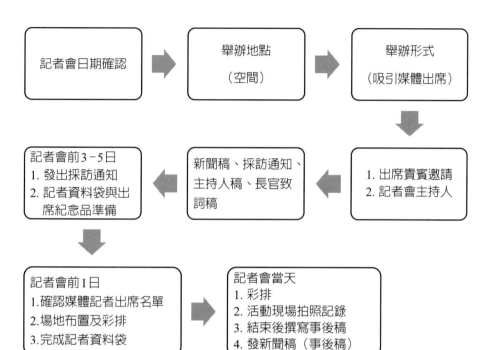

記者會日期確認　→　舉辦地點（空間）　→　舉辦形式（吸引媒體出席）

記者會前3-5日
1. 發出採訪通知
2. 記者資料袋與出席紀念品準備

新聞稿、採訪通知、主持人稿、長官致詞稿

1. 出席貴賓邀請
2. 記者會主持人

記者會前1日
1.確認媒體記者出席名單
2.場地布置及彩排
3.完成記者資料袋

記者會當天
1. 彩排
2. 活動現場拍照記錄
3. 結束後撰寫事後稿
4. 發新聞稿（事後稿）

與新聞媒體打交道的關鍵

　　我自己待在中央與地方的實際經驗中，經常針對重大的政策或施政成果辦理記者會，對外發表相關「產品」，這些「產品」在行政機關可能是政策、成果或活動，在業界可能是新推出的商品，在個人則是指創作作品或研發成果。而融合這些實務經驗與觀察發現，一個組織若有「產品」要對外發表或行銷時，必須善用新聞媒體做妥善的策略行銷。

成功記者會的關鍵因素

　　我為新推出的「產品」辦理「圖書館智慧科技應用與服務創新」記者會，對外發表引進第三代機器人凱比及酷比，落實「智慧生活‧聰明閱讀」的創新經營模式和服務。這個記者會相當成功，普獲好評，當天網路新聞即發布，隔天媒體更大幅報導，我也根據以往的實務經驗，歸納出記者會成功的關鍵因素如下，可做為日後組織辦理記者會的參考：

一、有梗

舉辦記者會一定要有梗，找出「新聞價值的賣點」（即「新聞亮點」），創造能引人入勝的「奇特吸引子」，以擄獲民眾的好奇心。例如引進凱比及酷比機器人在全國公圖為首創，提供民眾另類的服務，其創新有趣的獨特性相當吸睛，故能成功地受到民眾的喜愛，引起廣大的迴響。加上近年來民眾十分關注 AI 智能、機器人等議題，讓這項創新服務的形象深植人心。

二、有內容

記者會的內容須豐富多元，主要內容及附加內容須分明，藉由巧心安排，將優質的內涵、最佳的服務，綜合呈現在大眾眼前。此次記者會的主要內容即緊扣圖書館服務的核心價值，發表引進具說故事、學英語功能的「凱比陪伴型機器人」，以及具推薦好書、服務導覽功能的「酷比服務型機器人」；並藉機附加對外公布在全館同仁這 2 年的努力下，分別榮獲出版界最高獎項「金鼎獎」（自建圓夢繪本資料庫），以及 2018 年資訊月百大創新產品獎（自行開發 iLib Guider 尋書導引 APP）等 2 個獎項，對外呈現完整且多元的行銷內容。

三、有人潮

好的行銷推廣策略，必須掌握其存在的「價值」，才利於宣傳，人、事、物三者缺一不可，記者會「事、物」的安排與發表內容齊備後，創造「人潮」便是重要一環。利用記者會當天同時舉辦「圖書館智慧科技應用與服務創新」研習課程，且研習學員皆來自各縣市圖

書館界的從業人員，是對圖書館創新服務相當關切的一群人，現場人潮匯流，氣氛活躍，讓記者感受到此次發表內容是重要的、廣受注目的，也讓外界了解館內的創新服務受到大眾的重視，增益活動效益，並將成果擴展至各縣市。

四、有故事

有故事，才有生命力，才能打動人心，且能看到組織精益求精的努力歷程，也因感動而將好的品牌故事不斷分享出去。這個記者會特別安排機器人「三代同堂」，共有 3 隻機器人同臺登場，將館內多年來服務持續精進的成果具體展現於眾。尤其酷比機器人的名字源自於"Could be"，意指落實教育理念，透過教育為孩子開啓無限的「可能」，讓活動更添故事性。

五、有品牌

找到組織的定位，發展組織的優勢、特色，才能形塑自身的品牌。以這次發表第三代機器人為例，資訊、AI 即為國資圖的特色，把握這個元素對外進行「口碑行銷」，創造出兼具全新的、首次的、用得到的品牌，以及尋找民眾關注 AI 議題的「奇特吸引子」，同時與大眾耳熟能詳的企業品牌——亞太電信合作，其為增加讀者對品牌的信任感，深化其記憶點。

六、有媒體公關

平常即須用心經營媒體公關，與媒體有好的互動，保持正向良善的關係，重要活動時媒體才會協助報導。這次記者會就是因為平日與媒體有維持良好的互動關係，因此在特別情商媒體協助下，各家報紙、網路新聞等紙本、數位媒體皆大幅報導，顯見推廣創新服務之成效，受到媒體及民眾的關注及認同。

是眞是假，養成媒體識讀的能力

有句俗話說「水能載舟，亦能覆舟」，媒體正是如此。由於網路媒體的即時性、方便性、傳播速度快等特性，隨之衍生出許多的問題，例如時下相當氾濫的假訊息、假新聞充斥，造成許多機關單位的困擾。因此，我們必須學會如何因應與辨別假新聞。

何謂假新聞

假新聞（Fake News）是刻意以傳統新聞媒體，或是社會化媒體的形式，來傳播錯誤資訊，目的是爲了誤導大眾，帶來政治或是經濟的利益。假新聞爲了增加讀者或網路分享數，常會配合吸引人的標題，或是完全假造的新聞故事。假新聞類似標題黨，主要都是靠所產生的廣告取得收入，因此不會去管內容的正確與否。

假新聞容易增加政治上的兩極分化，又因爲社會化媒體的無所不在，例如 Facebook 的 NewsFeed 和假新聞的散布有相當大的關係。一些沒有標示維護者或編輯者的匿名網站，由於很難針對製造假新聞

的作者起訴，也會成為假新聞的媒介之一。

沒有假新聞，只有不實的新聞

「新聞」是依據事實、事件的發生，經過記者的採訪報導而形成的訊息，民眾透過新聞來了解政府政策，以及社會甚至是全球所發生的事。新聞具有一定的影響性、公正性，因此，內容是否為事實就相當的重要，否則將造成社會秩序失序與混亂。專家學者提出，新聞具有事實性、正確性、時間性、客觀性、平衡性之本質，並針對新聞下了一個定義：是一種記事，是根據事實的報導（若非根據事實叫謠言），必須是最近發生的事（否則是歷史），或者雖發生有一段時間，卻不為人知（否則是舊聞）。

根據以上的探究，進一步歸結「沒有假新聞，只有不實的新聞」，既然傳播或披露的內容是不實的新聞或訊息，就有相關法律規範來約束或制裁，例如《社會秩序維護法》來遏止假新聞、假訊息的蔓延，對假新聞、假訊息做了更明確的規範，並加以重罰。

如何辨別真假新聞

新聞真假之別，就是事實與謠言，過去我們慣用的「謠言」之詞，今日的流行用語稱之為「假新聞」。對於真假新聞究竟要如何辨別，根源就在於對媒體識讀的養成，雖然有法律可以約束與罰則，但最根本的，還是需要人民養成對媒體識讀的正確觀念。另外，該如何

辨別假訊息、如何避免成為假訊息的轉發者，國際圖書館協會聯盟
（IFLA）提出 8 個如何識別「假新聞」的檢查步驟：

一、**考慮資訊來源：**對可疑的網站和聯絡方式進行初步的調查。

二、**詳細閱讀：**為了吸引讀者，媒體標題通常誇張，甚至失實，要詳
細閱讀內文。

三、**查核作者：**對作者進行快速搜尋，查核是否真有此人，是否具有
良好的信譽。

四、**資料來源：**點擊網站的連結，確定所提供的資訊是有助於理解內
文的。

五、**檢查發布日期：**重新發布舊的新聞，並不代表它們與現今的事件
相關。

六、**這是個笑話嗎：**探查網站和作者，以確保屬實。

七、**摒除偏見：**不同的信仰可能會影響個人的判斷標準。

八、**向專家請教：**向專家諮詢，或自行瀏覽相關網站以確認事實。

▌是真是假，培養思辨的能力

新聞媒體是一種產業，有其市場供需，需要將各種事件、活動編
輯成新聞，以滿足社會大眾對知的欲望。但現在的媒體環境和言論環
境已經和過去的年代有很大差別，尤其目前各種社群平台盛行，人人
都可以是一個自媒體，得以充分發揮個人的意見，新聞是真、是假，
實在難以辨別。對政府部門而言，則必須理解媒體的特性，學會如何
辨別假新聞，養成對媒體識讀的正確觀念，以維護機關訊息發布的正
確性，確保民眾資訊閱讀的基本權益。

危機溝通的關鍵

　　「危機」通常是指組織因為內、外在環境因素，所引起的一種影響組織生存發展，並具有立即且嚴重威脅性的情境或事件。通常而言，它是偶發的、突然的、緊急的，並且是未曾意料、倉促引發所造成的一種意外。

危機的特性

　　「危機」顧名思義，其可供反應及處理的時間有限，危機事件本身都有其發展的脈絡及演變，這或許就是所謂的「危機的特性」。也唯有了解這些特性，才能夠迅速、妥善、即時地處理，不至於讓整個事件愈演愈烈到一發不可收拾，甚至最後只能檢討責任歸屬，這都不是我們所樂見的。基本上有幾個危機的特性如下：

一、**即時性**：必須立即馬上處理的，代表事件的緊急。

二、**威脅性**：會威脅到組織的發展及影響組織的形象。

三、**新聞性**：引起社會高度關注，甚至引發媒體大幅報導。

四、**關鍵性**：在危機事件的發展過程中，每個階段都會有不同的關鍵點，會因關鍵點處理的良窳，而影響後續的發展。因此，每一個關鍵點都必須即時妥善的處理，否則就會導致不可預測的後果。

五、**連鎖性**：某些個案的處理，可能會因事件對社會影響層面較大，而演變為通案。

六、**高度變化的發展性**：應隨時留意事件本身會因外在環境的影響，而有高度變化的發展性。

七、**不可預測性**：危機本身有高度的不確定性，難以預測何時將發生。因此，平時就應該做好預防及品質控管。

　　危機有可能威脅到組織或決策單位的價值或目標，因此，洞悉危機的特性，掌握其脈絡，建立一套組織內的危機溝通 SOP，才能發揮事半功倍的效果。

■ 危機溝通 9 大關鍵

　　當危機發生時，最重要的工作就是做好危機溝通。「危機溝通」是一門科學，也是一門藝術，它可以降低危機的衝擊，化危機為轉機，甚至將之轉變成商機。可是如果不進行「危機溝通」，則小危機可能變成大危機，對組織影響極大，甚至要花費數十倍的心力，才可能回復。就我過去長期行政經驗的體會，有幾個重大關鍵如下：

一、危機發生第一時間，要有統一窗口負責，避免造成溝通不良的問題。

二、在危機擴散之前，要即時、迅速、主動回應。

三、釐清事件脈絡，找出危機成因，先找最重要的利害關係人來溝通。

四、避免危機擴散，設下停損點，以控制影響範圍。

五、誠實至上、誠意溝通，該道歉就道歉、該認錯就認錯。

六、平日即建立發言人制度，以利即時回應。

七、全體總動員，溝通共識，立場一致。

八、擬妥新聞稿，對外依稿發言說明，以避免失言。

九、擬定聲明稿，張貼官網，以表立場。

■ 有效溝通的價值性

了解危機溝通的關鍵後，我們還必須知道在危機溝通的過程中，有很重要的原理、原則，我以哈伯瑪斯（Jürgen Habermas）「溝通行動理論」的 4 種有效溝通的宣稱，來說明組織對外的政策或聲明內容，為了讓外界能夠理解，一定要注意的 4 個層面，分別是眞實性、正當性、眞誠性和可理解性。

一、**眞實性**：內容須眞實存在，才能被外界所接受，進而願意分享他的言詞主張。

二、**正當性**：內容須合乎社會共通的價值或服膺普遍的社會規範，才能被感動，而引起認同。

三、**眞誠性**：內容具有眞誠、謙卑的態度，才會受到信任。

四、**可理解性**：內容合乎文法（語法）規則，善用庶民語言，才能讓人深入了解。

■ 化繁為簡，化危機為轉機

因此，危機溝通的關鍵，應化繁為簡，將危機轉化為轉機，一定要掌握危機的特性、溝通的關鍵，並做好溝通內容的價值性。最後，勇敢的面對，展現負責的態度，相信再大的危機，也會因為危機處理得當，反而更能展現組織高度的能量，建立外界對組織更深一層的信任。

重大危機事件處理關鍵

2014 年 5 月 21 日下午，在臺北捷運車廂上發生 21 歲學生鄭捷持刀隨機殺人事件，共造成 4 死 24 傷，震驚社會各界，更引發大眾的集體恐慌與不安。事件發生後不只身歷其境的民眾產生心理創傷，幾乎是所有人聞之色變，社會治安被嚴重破壞，各個學校隨即啟動校安機制，針對學生進行創傷輔導與心理建設，並開始加強校園安全工作，家長們也開始叮嚀小孩留意校外安全的重要性。「鄭捷事件」的發生，從中央政府、地方政府，到整個社會都舉目關注，媒體並大幅報導。

危機應變，啟動全臺校安機制

鄭捷事件發生的當下，我剛好在教育部擔任司長，其中的業務也主管到校園安全，記得當時我正在教育部開會，會議結束時，接到部長的緊急電話，請我啟動校安機制，並做後續的適當處置。我馬上指示校安中心立即啟動應變機制，進行各種校園安全的 SOP 因應措

施，除此之外，我和副司長 2 人隨即代表部長，針對病情比較嚴重的受傷學生，分頭到醫院進行關懷及善後的工作。

其中，我第一個慰問的，就是成功大學商學院剛畢業的一個碩士生，這個學生非常優秀，已經應徵上 3 個工作，他當天從南部特別北上去應徵第 4 份工作，應徵完和他爸媽通話後進到捷運車廂，就被鄭捷從後面捅一刀，重傷送醫不治死亡。我當時是代表部長去醫院的太平間表達關心慰問，並做適當協助。記得當時學校學務長、總教官和他的同學也都在現場，所有人不勝唏噓，場面非常哀戚，都極力安慰他的爸媽，爸爸戴著口罩強忍悲痛，媽媽則已經站不住了。一個有大好前程的年輕人就這樣離開了，對於隨機殺人事件，或是類似社會治安的問題，在當下受到各界的高度重視。

鄭捷事件所帶來的傷害，不只是捷運車廂上目睹的民眾，事件發生地點附近的民眾、各級學校，甚至全國的人民，都在心中烙下一道傷痕。因此，教育部才須積極啟動全臺校安機制，對學校師生給予適當之輔導處遇，慢慢平息事件的影響。

■ 勇敢面對，才能化解危機

鄭捷是東海大學的學生，當時從國防大學轉過來剛滿 9 個月，所以整個事件都是東海大學在處理。學校方面非常積極處理善後，事件發生第一時間就由主任祕書召開記者會，面對媒體向社會大眾說明，第 2 天上午學校再主動出來說明處理的進度，第 2 天下午又針對媒體的關心議題進一步做說明，之後，校長公開發了一封信，名為

「給東海全體夥伴的一封信」。

信的開頭就強調，「鄭捷是東海人，我們永遠是一家人。」學校表示，「我們多麼不希望此事發生，但若這是必然，<u>我們願意是發生在我們所深愛的東海，因為我們可以有不一樣的承擔。</u>」

並進一步呼籲學校學生，「其實我們都可以成為每一位東海人身邊的天使，除了可以預防遺憾，更能讓這個校園充滿了彼此的關係……期盼我們都開始『多走一步、多看一眼、多聊一句』，他可能是你缺課多次的學生、翹掃很久的室友、不太往來的同學，或只是一個悶悶不樂的臉龐，走出自己的城堡，給彼此一個開始的機會吧！」

當所有媒體都在等待校長的說明時，這封信平息了媒體的追訪，學校的態度不僅沒有推諉塞責，更主動將責任一肩扛下，並藉此對全校師生做進一步的校園友善環境教育，媒體因此不過度苛責。

■ 危機處理的 6 大關鍵

「鄭捷事件」的發生對臺灣各界造成相當大的影響，也藉此讓大家有機會進行反思。從這個事件中，我個人自實務經驗的處理過程，歸納出 6 個危機處理的重要關鍵，在一些學務或校安的場合都常會提出來分享，以下臚列供大家參考：

一、事件發生的第一時間就要做最妥適的處理，以及精準的判定。

二、加強平時對危機事件的演練和準備。

三、統一發言窗口回應媒體的採訪。

四、每日備妥定調的新聞稿或聲明稿。

五、建立各種網絡資料庫（例如醫院網絡等）。

六、平日做好專業的分工。

七、組織全員動員。

八、平日建立危機處理的團隊文化。

■ 危機處理的重要態度

　　當危機發生時，一定要展現出真誠、尊重、謙卑、負責的態度，勇敢地面對外界各種的質疑聲浪，以及媒體的輿論壓力。誠如巴菲特（Warren Edward Buffett）所說：「做得正確、做得迅速、快速抽身、解決問題。」聖嚴法師也說：「面對它、接受它、處理它、放下它。」做任何事情，態度最重要，態度決定高度，態度也決定一切。面對重大危機，也唯有勇敢面對，展現誠意，才能用智慧化解危機。

建立集智平台

　　機關在年度結束及年度初始時，應該安排一個時段，由主管帶領成員共同討論各項業務。年度結束時，要盤點各項業務執行的進度及其困難、資源及預算的運用狀況、重大政策的執行成效，以及各種新興議題的因應策略等；新年度起始時，機關首長應邀集各主管，召開一個類似共識營的會議，將跨單位資源及預算的整合、重大活動的時間安排等，做好橫向的溝通及分工，以利年度各項工作分進合擊，充分發揮團隊戰力。

　　因此，首長在年度結束及初始時，必須特別掌握以下幾個重點項目，以類似「集智平台」的概念，帶領同仁一起檢討舊年度，迎接新年度：

一、科科有特色，年年展新意

　　鼓勵各單位提出「一科一特色」的亮點計畫，發展重點特色，建立品牌，以分季、分年方式執行。尤其現在是一個自我行銷的年

代，各項特色及成果應透過各式平台，適時對外宣傳、行銷，以展現
績效。

二、重視前置作業時程安排

有些業務因有時間性，著重前置作業，須提早進行各項工作規
劃，切勿時間到時才處理，包含例行性工作、配合節慶或政策者、引
進合作夥伴及資源等。除提前規劃外，尚須預留向首長報告、來回討
論及修正的時間。

三、健全實務功能小組功能

組織內各式小組中，除了法定小組（例如資安小組、考績及甄審
委員會等）要依相關規範如期召開外，實務功能小組（例如特色點子
小組、官網小組、數位資源推廣小組等），是為了發展特色所成立
的功能性專案小組，更應該確保功能之充分發揮，才能讓組織發展特
色、品牌、提升競爭力，進而實現組織的理想及價值。

四、加強各單位的橫向聯繫

一個組織若要更加強大，須靠單位間的橫向聯繫與合作，屏除各
自的本位主義，做好各科室之間的溝通協調工作，若有涉及跨單位業
務，必要時可請副首長或相關高層人員做跨單位的討論，一起面對並
解決問題，共同努力實現組織目標。

五、盤點年度應辦、未辦及代辦事項

各主管應於 1 月份安排科務會報，討論過去一年來的應辦和未辦，以及新年度的待辦事項，藉此做業務盤點，並充分討論，以利新年度各成員的分工、規劃與執行。應辦、未辦、代辦事項應做盤點，由研考單位做管考。

六、盤點各式法令規章

機關於 3 至 5 年即須做法令、規定、要點等規章之盤點與整理，依據法源全面檢視是否須做修正，掌握時勢、與時俱進。除非有法律漏洞，否則應於便民的思維之下，尋求眾人的最大公約數，朝簡化和彈性的方向處理。

七、要有自我苛責的觀念

在講求績效的時代下，自我苛責的觀念很重要，各單位平時則須做好管理，定期召開管考會議，將公務目標具體化、明確化，讓成員清楚知道內容為何，並提出適切、合理、應當的公務要求，包括內部分工、差勤管理、教育訓練安排，或重大案件的協同合作等，營造優質的組織文化氛圍，形塑兼具硬實力與軟實力的友善環境。

八、將中央部會議題融入規劃

各機關應留意歷年中央各部會希望各機關配合的各項政策，例如新南向政策、人權教育、性別平等、環境教育、食農教育等，並將這些政策內容融入業務及安排於行事曆中去規劃、執行，不但可整合資

源，結合既有業務推動，以落實政府的政策，又可展現年度的績效。

　　綜上，機關可以善用各種方式去凝聚共識，我都喜歡跟成員說，「We are One. We are Family.」大家一條心，發揮團隊合作、同心合意的精神。同時結束及初始時，透過全體都會參與的活動，例如共識營、標竿學習、教育訓練，或配合內部的各種行政會報，切出時段，帶領同仁共同討論，善用這種集體智慧，創造類似「集智平台」的概念，讓大家在這個平台上回顧過去、把握現在、展望未來，持續穩健的推動各項業務，達成組織的共同目標。

口碑行銷是最廉價但最有效的行銷管道

現在的年代，「行銷」是件很重要的工作，不只員工、志工是最好的行銷者，民眾更是最佳行銷者，產品經由口耳相傳的擴散，其成效才是無遠弗屆，也會有意想不到的效果。因此，「口碑行銷」是現在最廉價也最有效的行銷。你一旦做得好，自然會有人向他們的親朋好友四處宣傳與分享，甚至透過網路社群傳播，不需要自己去宣傳，就會有一堆人幫你做宣傳，這種無形的力量，才是最真實的、最立即有效的。

口碑行銷 4 大元素

研究指出有高達七成以上民眾的平日消費，會聽取別人可靠的訊息來源。信任感就是口碑建立的根本，千萬不能忽視口碑行銷的重要。透過實際的使用者為你的產品介紹，發布在不同的社群平台或網路上，當民眾看到其他的使用者或朋友在使用時，也會開始對你的產品感到興趣、好奇，也就會在 LINE、FB、IG、部落格等社群平台分

享訊息，或者當做茶餘飯後的話題閒聊，這些都會讓你的產品名稱不脛而走。

但「口碑行銷」需要靠大家一起來努力，因爲要做得好，才會得到他人的認同，才會幫你宣傳。我個人認爲口碑行銷要成功，有以下幾個關鍵因素：

一、簡單易懂

行銷的內容必須簡單易懂，最好用懶人包的方式呈現。圖表爲主，文字爲輔。

二、生活實用

產品要具實用性，與民眾的生活連結，易於理解、親近，才會觸發人心、引起共鳴，自然就會有人主動傳播出去，產生行銷效果。

三、感人故事

組織的績效展現，動人的故事有時比制式的成果更爲重要。感人的故事可以適時的發布在 FB、LINE 等社群媒體上，讓感動持續發酵。說故事能增進溝通、豐富情感，說故事的力量，就是最佳的激勵及行銷的工具！

四、自我行銷

自己要重視，別人才會重視。一個組織必須先自我肯定並加強行銷，民眾才會對組織的訊息有興趣。通常組織都會利用 FB 等來推廣

產品，但我發現連成員也都沒有去 follow，每則貼文的按讚數普遍太少。因此，我很鼓勵員工成為組織社群的粉絲，一起幫忙在貼文上按讚及分享，行銷是每位員工的義務，才能夠擴大行銷效益。

五、正向語言

使用正向語言，帶來正向力量。《祕密》這本書在圖書館的借閱排行榜上，十幾年來一直都是名列前茅，書中所強調的「吸引力法則」，最重要的原則就是「正向思考」，而「正向思考」則須透過「正向語言」來表達最深層的想法。口碑行銷要用正向的語言，才會帶來正向的影響力量。

■ 每個人都是最好的行銷者

組織經常收到外界的稱讚，就是行銷。若印象不佳，則可能留下負面口碑評論。我曾收到民眾來信肯定員工有「敬老、尊老、扶老」的服務精神，也有反應希望表揚員工協助尋獲遺失手機之親切熱心，這些有溫度的服務和親切和藹的態度，都能讓民眾留下正面印象，都是對組織最好的行銷。

我認為：「每個人都是組織最好的行銷者。」這樣的觀念應是大家都認同的。若每個人都能夠為組織的行銷盡一份心力，自我認同、掌握優勢、使用正向語言，並善用簡單易懂、生活實用、真實坦率和感人故事等元素適時行銷，一定會產生行銷的複利效應。

資源統整

校長走出去，資源帶進來

學校基本上是一個養護型的組織，必須要透過預算的編列，以及政府的補助，才能維持學校基本的運作，但學校如果要有重大建設、創新突破，或推動各種計畫，光靠現有的預算或補助，基本上是不足夠的。因此，校長必須要走出去，廣結善緣、爭取資源，將民間的力量引進學校，才有可能挹注學校資源的缺口。所以我們常說，「政府的力量有限，民間的力量無窮。」善用社會資源，絕對是校長在現今少子化、競爭的環境當中，一個非常重要的力量。因此，我覺得校長如何走出去將資源帶進來，是一個非常重要的課題。

校長走入社區，成為社區的一分子

學校是一個人才培育的場所，隨著校園民主化，以及終身學習時代的到來，教育工作為因應社會的挑戰和需求，除了須讓孩子具備國際化的視野，也必須讓我們的孩子對這塊土地有感情，懂得回饋鄉梓，善盡社會責任。所以，本土化是一項非常重要的課題，讓我們的

孩子未來出社會之後，不僅做為一個有用的人才，還懂得愛家、愛鄉、愛社會、愛國家，也願意為自己的家鄉及這一片土地奉獻心力。

所以現在學校非常強調「學校社區化、社區學校化」，也就是學校必須要跟社區融為一體，校長應走入社區，與社區多對話、多互動，成為社區的一分子。這幾年我個人在教育的職場上，觀察到現在的學校基本上都很融入社區，未來各個學校應持續與社區更深入地互動。以下則針對校長如何走入社區與社區互動，提出幾個參考：

一、敦親睦鄰，常到社區「訪親走友」、「閒話家常」。
二、主動參與社區活動，加強凝聚社區意識。
三、開放校園，適時提供社區場地、設備等資源，或支援社區表演節目、活動。
四、推動鄉土教育，發揚在地文化。

■ 校長走動政府，建立一定的信任依賴

學校雖然是一個獨立自主的機關，校長可以獨立對外行文，有高度的自主及權力的行使，惟各項事務的推動，以及問題的解決，還是必須尋求政府的協助，相對地政府對學校也有督導之責。但政府資源是有限的，要面對這麼多的學校，這之間互動關係的維持，校長一定要主動積極，才會受到關注。因此，校長要走動政府，多溝通、多互動，以建立一定的信任依賴關係，對各項政策的推動或校務的經營，以及各項困境的解決，會有加成效果。我覺得這部分對校長而言，有幾個面向提供思考：

一、注重行政倫理，適宜的應對態度。

二、用心執行上級委託任務，積極配合各項政策推動。

三、平日備妥各項施政完善計畫，適時反映爭取補助。

四、協助政府進行各項施政宣導，主動進行政策辯護。

■ 校長走訪民代，發展良善的關係

　　學校「公共關係」在教育行政學當中，已是一門顯學，在過去，「公共關係」在學校裡並不是很重要，也未被重視，但隨著多元社會的來臨，人際網絡的複雜，學校須面對各個利害關係團體、重要的地區意見領袖，或各級民代，這些人對學校都會有很大的影響，可以帶來幫助或招致批評。所以學校必須要能夠整合這些重要的人士，尤其是民意代表，他們對政府有監督的權力，他們是擁有話語權的一群人，影響力非常大，我們不能等閒視之。因此，一定要多和民意代表對話，以發展良善的關係。這個部分，我覺得未來學校可以有幾個努力的方向：

一、建立有力人士資料庫，強化學校人際網絡運作。

二、正向互動，維持一般公務往來。

三、與民代保持一定距離（等距），維持良好溝通關係。

四、適時說明學校特色、成效及困境，借力使力尋求協助。

社會資源的統整

　　「政府的力量有限，民力則是無窮的。」這句話的意思就是說，政府的可用資源有一定的限制，國家也有一定的預算程序，甚至有財政紀律要遵守。因此，政府能投入在軟硬體建設上的預算或資源，確實都有所不足，尤其在遇到天然災害發生時，我們會發現，第一時間到達災難現場協助救災的人力、物力、財力，或物資發放的，幾乎都是民間社團，尤其是宗教團體。因此，善用民力來解決資源的不足，也是世界各國的發展趨勢。

■ 資源整合比資源創新重要

　　因為教育單位屬於養護型的組織，有一定的預算來源，因此更需要社會資源的挹注。但學校運用社會資源時應思考，資源的整合比資源的創新來得重要，通常在資源整合後，還是有所不足時，我們才擴大向外尋求國內或國外的資源協助。

　　以學校為例，我們在談資源運用時，會發現學校所屬的社區，以

及鄰近的各個公私部門、正式及非正式組織，這些相關的人力、物力、財力資源，其實都非常的豐碩。學校在對外尋求資源前，應先做資源的整合，建立學校的資源網絡，需要運用時就可以就近取材。

我們有一句臺灣話說「近廟欺神」，就是提醒我們不要捨本逐末，應當要善用在地的資源，才能融入在地，與社區融為一體。畢竟學校就在社區當中，學生來自於社區。近幾年政府一直強調「學校社區化」的重要性，也唯有學校與社區融為一體，「學校社區化」才得以實踐。也就是說，一個接地氣的學校，才是符合在地所需要的學校。

社會資源的概念

通常在談社會資源前，應先了解社會資源的相關概念，在資源整合或開發前，務必先了解什麼是「社會資源」，我們可從下面幾個層次來了解：

一、**資源**：可利用的物質、資產或人力。

二、**社區資源**：凡是社區內可供運用，並有助於社區發展、社區目標達成的一切資產和力量。

三、**學校資源**：凡是學校內可運用於教學與行政上，並對學校發展、教育目標達成有助益的一切資產和力量，包括人、事、物、地、文化等資源。

四、**社會資源**：凡是社會上可供學校運用的一切有形和無形資源，能充實學校教育內容，並對達成學校發展、教育目標有所助益的

資產和力量，可使學生獲得真實、具體的經驗，提高教師教學效果，提升經營與學習績效。

五、**企業資源**：學校為達成教育發展、使命及目標，透過各種管道途徑，爭取企業認同，進而提供給學校可資運用的一切人力、物力、財力、人文等資源，係屬社會資源的範疇之一，其屬性通常包括企業體本身、企業人士、企業成立或長期贊助的非營利組織等。

六、**社會資源網絡**：如同一面蜘蛛網，每個組織就像是一個網上的點，因彼此相互合作的關係，由點連結成線狀，進而形塑成一網狀，網上的各個點在資源共享下更加堅韌有力，透過網絡的建構，使得組織累積更大的能量，運作更為順利。

■ 社會資源統整的歷程

社會資源統整的核心概念就是「學校走出去，企業引進來」。首先，應進行學校背景環境分析，據以評估及發展學校優勢項目、盤點學校內外資源和建立資源的策略規劃順序，然後才是資源的統整建構，以使資源極大化，發揮資源的最大價值。

一、進行學校背景環境分析

學校須先針對自身的條件及其文化進行分析，定期檢討學校在行政、課程、教學方面有何瓶頸或困境須解決，結合家長、老師、行政教師，共同成立一個跨處室的專業社群平台，共同研商討論學校發

展的主客觀條件，以釐清未來須資源挹注的狀況，俾利後續資源的統整。

二、評估及發展學校優勢項目

　　根據學校的背景環境、參酌教育目標、學校的特殊需求、學校的地理環境、教師專長、社區特性、學校經費以及校風等，來評估及發展學校的重點特色及優勢項目。

三、盤點學校內外資源

　　盤點、整理、分類學校內外資源，對應重點發展的項目，針對不足及特別需要挹注的部分，建立一份需求清單，做為未來明確須爭取的項目，才能對外做有利的說明。

四、資源的策略規劃順序

　　（一）針對所需資源進行分類、歸納、整合。

　　（二）建構資源需求的面向。

　　（三）提出合理的資源評估需求。

　　（四）藉由地方領袖的影響力來協助。

　　（五）了解社會資源權力人物（主動接觸社區資源網絡中的組織
　　　　　跟個人）。

　　（六）掌握有哪些單位曾經提供過什麼服務，以及服務量的多寡。

　　（七）了解政府年度預算編列中與單位業務相關者。

五、資源的統整建構

　　(一) 教育需求呈送企業列入年度預算。

　　(二) 了解資源的屬性。

　　(三) 善用溫暖名單（經常捐助者）。

　　(四) 評估可接觸管道。

　　(五) 提出適切的計畫及說帖。

　　(六) 在地優先取材。

六、資源的創新價值

　　爲了讓資源極大化，讓資源展現不一樣的價值，學校應勤於聯繫、向企業請益、E 化管理社會資源、適時對外分享成果、與企業融爲一體，以及合理分配資源等，並主動提供媒體各項贊助成果，進一步的內容歸納如下供大家參考：

(一) 定期追蹤聯繫

　　指的是經常性的互動聯繫，適時更新異動資料。平時即保持聯繫，彼此維持一定的關係，納爲學校活動邀請貴賓之列等。

(二) 視爲顧問、勤於請益、向企業學習

　　對於學校發展等議題須尋求意見時，企業是最好的請益顧問，可學習其精神，會有意想不到的效果。

(三) 數位化管理社會資源的資料庫

將社會資源做好 E 化管理，讓資源得以活化。透過 E 化管理將資源做系統分類，未來資料庫夠大時，可定期做數據分析與歸納，找出共通、差異或創新點，做為可進一步運用的資源，創造出具特殊性的價值。

(四) 對外成果分享

將社會資源運用的結果，定期對外發表，或在網站上公布分享，除了做為成果展現之外，也同時對外界公布資源的來源，讓大家都看得到企業對社會公益的用心。

(五) 融為一體，給予企業歸屬感與認同

社會資源的運用，應該要有方向、目標和策略，讓企業所捐贈的對象明確化，讓資源在同一個對象上可永續性的發展。學校應透過經常不斷的互動，與企業融為一體，主動邀請參與學校活動或定期做成果報告，讓贊助學校的企業感受到歸屬感，讓學校成為企業的另一個家或子公司。

(六) 資源用在刀口上，合理分配使用

盤點學校的需求，做優先順序的排列與分類，明確區分出現有預算、政府補助、企業贊助的運用方向，將錢用在最適合的社會資源上。

(七) 主動提供媒體各項贊助服務成果

除了做為學校的成果行銷，也讓外界了解贊助者的付出，讓媒體與企業做正向的互動與回饋。

社會資源的運用

　　在學校教育資源有限及不足下，爲促進學校教育發展及建立特色，學校通常會主動爭取，並適時引入外部資源來挹注。亦即，學校透過各種適當的方法、人力、媒介等管道途徑，爭取外界的認同及支持，進而願意針對學校實際需求，提供資源、贊助或認養。最重要的是，學校應將每項資源做妥善適切運用及管理，才能獲取外界的信任及投入，而且視每一項資源都是「好資源」。

　　接下來，我們須進一步思考，外界（例如企業）爲何要贊助學校。基本上，就我的體認，學校必須要「值得信賴」，企業才會願意去贊助。這個信賴有可能是來自於學校有感人的故事、有教育的亮點，例如口碑好、形象佳、校風良，或是對學校關心且有影響力者的推薦。

學校如何運用社會資源

　　因此，學校該如何運用社會資源呢？以下針對運用原則、運用觀

念、資源來源、實際作為等面向來做分析，供大家參考：

一、運用原則

(一) **在地化**：實地取材，優先整合在地資源，若有不足處再跨區尋求。

(二) **人性化**：給予資源提供者鼓勵與肯定，使其對學校產生歸屬和認同。

(三) **具體化**：讓資源的提供者和使用者，對資源的「給」、「取」有具體的了解，對社會資源的運用與需求清楚而明確，以增加彼此的信心。

(四) **合理化**：適可、適切，均衡分配。依實際需求適時爭取合理所需，對爭取到的資源審慎分配使用。

(五) **持續化**：對社會資源投注的項目，應持續且長期的推動，避免一次性的使用，如此才能看得到長久的效益。

二、運用觀念

(一) **教育性**：必須符合教育目標，以教師和學生為主體，以提升教師的教學成效和學生的學習成果為重要考量。

(二) **自願性**：資源的取得必須要雙方投緣、合意，不可勉強，因此須留意第一印象的重要性，但無須過度卑躬屈膝。

(三) **合法性**：堅持來源合法化，婉謝干預教育的利益交換，合乎民主的公平、公正、公開原則。資源來源必須合法且無利害關係，避免利益回饋，或有違教育形象；資源使用必須專款專用。

(四) **互惠性**：解決學校問題，提升企業形象，擴大附加價值。學校和企業雙方，皆在資源的運用過程中彼此互惠。

(五) **有效性**：對於所取得的社會資源，必須開源節流，重視優先順序，並且要能在使用後發揮其經濟效益，展現出效能、效率與績效。

三、資源來源

社會資源依屬性的不同，可分為人力、物力、財力、組織、關係、環境、觀光、工商、文創、人文等 10 種，依類別又可區分為以下 4 大面向：

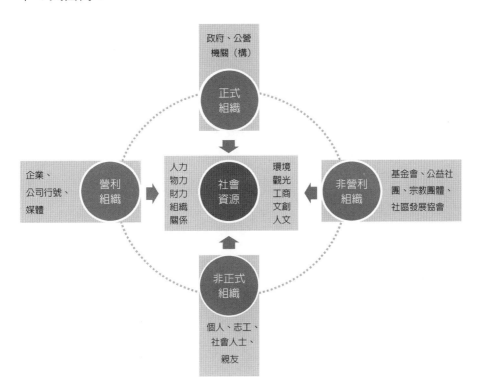

（一）**正式組織**：政府、公營機關（構）等。

（二）**營利組織**：企業、公司行號、媒體等。

（三）**非正式組織**：個人、志工、社會人士、親友等。

（四）**非營利組織**：基金會、公益社團、宗教團體、社區發展協會等。

四、實際作為

俗話說得好，路在嘴巴上。資源，其實也在嘴巴上，任何的資源都不會從天而降，都要積極、主動、適時地去爭取。學校除了要有好的特色和績效外，針對不足之處還要勇於開口，展現實際的行動與作為。因此，如何拓展企業資源，以下提供幾個面向供學校參考：

（一）擬定校務發展計畫，掌握資源需求及排列優先順序。

（二）評估及掌握實質可用資源，優先善用學校本身資源。

（三）平日做好公共關係，適時爭取資源挹注。

（四）發展教育特色及展現學習成果，爭取社會更多支持認同。

（五）公布資源運用成效，建立公信爭取信賴。

（六）了解社會資源權力人物，掌握關鍵人際網絡。

（七）組織學校後援會／基金會，擴大爭取資源贊助平台。

社會資源的爭取無他，惟認真辦學！

　　圍牆內的資源有限，但圍牆外的資源是無窮的，所以我們常說，「政府的力量有限，但民力是無窮的。」就是這個意思。因此對於社會資源的取得，必須要根據學校的願景圖像、發展藍圖、教育特色等，在既有的資源基礎上，向外爭取更多的挹注。實際上，我們也必須針對學校發展實際的軟硬體需求，或特色發展項目，爭取外界實質的贊助與認養；同時，對於贊助的企業或團體，必須要讓他們與學校融為一體，以永續經營合作的方式，共同協助校務。

　　社會資源取得的關鍵，必須先做好教育本分，也唯有回歸好好辦學，形塑良好的校園文化，並展現好的績效，讓外界都看得到學校的優良表現，當有資源需求時自然就能獲得挹注。教育無他，惟愛與榜樣；同樣的，社會資源的爭取無他，惟認真辦學而已。

　　認真辦學，為了孩子的一切，一切都是為了孩子，相信資源自然就會到來。

參與式預算，讓創意更多元

　　「參與式預算」在近幾年，已成為發展研究、民主理論等領域的熱門關鍵字。事實上，從 1989 年起，全球已有超過 1,500 個城市、社區和機構，曾經透過參與式預算，讓公民決定部分預算分配的順序。臺灣在這幾年也開始針對「開放政府、全民參與」的施政理念，建立一套由公民提案參與式預算的制度，開放民眾參與，讓民眾走進政府，共同參與施政的推動。

參與式預算，讓民眾走進政府

　　參與式預算（Participatory Budgeting），是由人民來決定一部分公共預算支出的優先順序。在過去，公共預算的分配大多是由民意代表、政府官員、專家學者和社會團體所掌握；而參與式預算則是透過民主的程序，讓社會成員能夠決定公共預算的某部分該如何運用。因此，透過參與式預算，能夠藉由賦予人們對於決策過程發言的權利，提升大家對公共事務的關心，養成更積極的公民，並強化政府、組織

和人民間的關係，促成更為透明、公平和有效率的預算編列與執行。

　　「參與式預算」的流程，大致可分為**腦力激盪、提出方案、投票決定**，以及**執行預算**四大階段，針對想要發展的項目或特色，依實際需求，執行讓民眾有感的一些作為。因此，在教育文化上，其實很適合以選擇性、嘗試性或小規模的去做示範性的推動，若成效良好，再慢慢從點到線、到面去擴大參與，這也算是「開放政府」的一種具體作為，可以讓不同的施政以預算為出發，藉由參與式的平台，進行充分的分享和提議，讓民眾感受到政府施政的公平、公正與公開。

▉ 民眾參與，讓服務更有感

　　「參與式預算」是一種藉由民眾與公部門集思廣益、集體合作的過程，將民眾的創意、好點子導入公部門的實踐方式。以國資圖公共參與提案計畫「圖書館的新樣貌由你來決定！」為例，為了讓圖書館能更貼近讀者的使用需求與期待，館內透過參與式預算的方式，邀請民眾進行創意提案。

一、徵件

　　讀者於提案期間，將其對於圖書館的發展建議、想要執行的計畫，依格式撰寫提案，再以電子檔或紙本傳送國資圖，提案議題分為：館藏、空間、活動、服務、設施及其他等 6 大面向。

二、書審、投票

　　為了避免提案內容無效、無法執行或重複提案等情形，徵件結束後，由國資圖進行書審，初步篩選 21 件提案，於官網及一樓大廳進行提案展示及投票。為提高活動參與率、培養與讀者互動，並延長活動效益，特別準備限量小禮物與讀者分享，完成投票讀者便可參加抽獎，成功吸引讀者呼朋引伴共同參與，計 753 位讀者參與投票，圈選有效票數 3,242 票，由民眾票選出 10 項提案。

三、評選、執行

　　經正式評選後，執行其中的 3 項提案，包括《點音閱吧》，於 5 樓休憩小站進行牆面及氛圍改造，增設咖啡機並播放輕音樂；《偵探推理小說閱讀活動》，舉辦推理閱讀講座「福爾摩斯的帽子哪裡去了？」設置「用夢想設計人生」解謎實境遊戲特展、辦理「不『推』怎麼行」主題書展；《好好閱讀》，增購閱覽桌供讀者使用。每項提案執行經費皆不超過 8 萬元。

　　共同參與，能讓民眾對政府施政更有感，獲得更多的支持。這項計畫從徵件、書審、投票、評選、執行，歷經 9 個月，全案經費 30 幾萬元，投入的經費並不多，但卻得到民眾高度的肯定及正向回應，吸引民眾持續閱讀、學習，讓閱讀服務的實踐更具彈性，同時開拓更多元的樣貌，創造未來更多的可能性，為圖書館帶來很多隱形的效益。

親師共創，讓學校創意更多元

在教育文化界，確實可以大膽的嘗試去推行，因為不需要花費太多的錢，但藉由民眾的共同參與，可以增進民眾對組織的信賴，產生更多的認同，同時能展現出組織存在的價值，是為民眾而存在的，而不是為了管理而存在。雖然目前學校的案例不多，但其實是可以藉由「參與式預算」的平台，讓一群老師、家長，甚至是學生一起參與，共同打造心目中理想的學校圖像，同時可讓這些親、師、生所擁有的「教育三權」得以實踐，也就是，家長有「教育選擇權」，老師有「專業自主權」，學生有「學習受教權」。

舉例來說，可以針對老師、家長、學生皆關注的議題，例如行政管理、課程教學、創新經營等面向，集結大家創意的巧思，透過共同發想提案的方式，讓心中理想的教學圖像具體化，對於可行的提案進行評選，若受到支持的提案，就可以著手執行。同時，若能在計畫的內容中做適當的提案經費額度限制規定，其實就不須擔心花太多的經費。

這樣親師共創的提案，經過共同參與並執行後，可以讓學校更有活力、更多元，也更有創造力。就算提案沒有獲得支持，所有利害關係人在參與過程中，也歷經了充分的意見交流，這些互動與分享，除了讓親、師、生能夠有參與感，更能強化學校的凝聚力，對學校未來發展都是有正向意義的。

■ 靈感、精進、改變、進步

現在的社會變動非常快速，加上科技不斷的進步，已經深切影響到人們的工作、家庭及生活。在全球化及快速流動的年代，各行各業都應該要有所因應，特別是教育單位更是如此，必須要像海綿一樣，快速、不斷地吸取養分，同時保持為一個彈性的有機體，可以因應外在的各種時勢變化。所以學校必須要不斷地創新、求變、精進，但光靠內部的自我能量是不足的，必須要走向一個參與式的平台，開放各種多元的意見，多聽、多看、多思考，才會有創新的靈感。

靈感觸發精進，精進帶來改變，改變才會進步。

參與式決策，讓校園更民主

　　我國目前正處於全民參與的年代，參與式決策就教育而言，當然也可視為校園民主化的一項工具。透過參與決策的方式，協助學校建立良好的內外部關係，並整合各項資源，以提升學校的效能；結合新的教育理念，以開放的規劃設計程序，建構符合新世紀、新教育需求的新學校。

以參與式決策落實校園民主

　　對於一個機關或組織而言，決策行為扮演著非常重要的角色，因應不同的問題而有不同的決策類型，例如理性式決策、參與式決策、政治式決策、無政府式決策等。其中，「參與式決策」是以解決必須共同參與、形成共識的議題，其所遵循的目標與程序由參與者共同決定。「參與式決策」可擴大參與，以集思廣益，研擬解決問題的最佳方案，並可幫助個人與組織目標的統整，提高成員的工作動機與士氣，同時對團體產生認同並予以支持。因此，為增加決策的合理性與

可接受性，採用參與式決策有其必要性。

　　以學校為例，每日所面臨的問題五花八門，高參與的決策模式，更能夠幫助學校解決問題並提升效能。**高參與模式**，強調學校必須提供教職員參與進修專業知能的機會、分享新的知識與資訊、建立合理的獎懲制度，以及導入私人企業「品質」管理的理念，以提升學校組織整體效能。因此，高參與管理模式的觀念，十分適合知識服務性質的組織，以學校教育改革為例，高參與模式促使學校妥為運用分權化條件，採行高度參與管理，以引導學校人員創造高度的成就與能力。

■ 校園重建參與式規劃設計之應用

　　1999 年發生 921 大地震，多處學校亟需重建，教育部為盡速完成受災學校之重建工作，頒定了《921 震災受災國民中小學建築規劃設計規範》，做為各校辦理校園重建之參考。當時我正在南投服務，災情相當慘重，在面對災後校園重建的艱鉅任務下，體認到這是一個歷史性的機會，必須妥善把握此次化危機為重生的契機。因此，校園重建結合新的教育理念，引入參與式規劃設計，藉由共同學習、討論、參與的過程，進而產生創發性的教育機制。茲將具體參與推動的重點步驟分析如下：

一、成立校園重建推動組織

　　為落實公共參與並推動校園重建整體規劃工作，主管教育行政機關應成立「中小學校園整體規劃諮詢委員會」，由主管業務單位主

管、相關業務單位主管、專業學者、建築師公會代表及其他相關人士等組成，負責校園重建整體規劃準則（或綱要）之審議，提供學校重建規劃設計之專業諮詢，指導校園環境成長方向及特色之建立；學校並應成立「校園重建規劃委員會」，由學校行政人員、學者、專業人員、社區人士、家長、教師、學生等組成，博徵眾議，研擬校園重建需求計畫，以及推動重建工作。

二、界定問題及範圍

學校人員通常並不熟悉互動式的校園規劃，總以為學校建築規劃係一項繁瑣的工程，應由學校行政人員及建築師來執行，因此，推動參與式規劃設計，首應建立師生及社區家長等對「參與式規劃設計」的團隊意識與正確價值觀念，以團隊學習方式促使參與人員對學校重建的使命感及認同感，凝聚參與共識。其次，應全面蒐集基本資料，包括學校基本需求、基地勘查與測量、地質鑽探、人口分布、環境特色、地區特性等背景因素調查蒐集，並進行資料分析與整理，界定重建問題與範圍。

三、確立規劃設計準則

透過參與式規劃設計不僅可讓學校與社區的關係密切起來，也使教師、家長及建築師，在腦力激盪的過程中彼此學習、成長。規劃設計團隊應對學校師生、社區家長、社區文化工作者等進行訪談及問卷調查，彙集相關意見並詳列問題以便逐一進行探討及評估。之後，再依據學校重建需求及相關課題進行規劃設計之深度對話（Dialogue）

及討論，尋找規劃設計的答案，以建立規劃設計之共同準則與目標，並進行初步規劃設計。

四、規劃設計圖說定案

學校進行初步規劃設計應分階段舉行「規劃設計討論會」，歸納規劃設計共識，於重建規劃設計書初稿完成時，舉行社區說明會或公聽會，以擷取各方意見檢討修正。初稿並經由校園重建委員會之檢討修正後，應再視需要進行第二次（或第三次）之說明會，逐步審查修正初稿，並完成規劃設計書。

五、細部設計發展並選取施工參與項目

為求參與式規劃設計能確實執行，在施工過程中，仍可保留部分區位如牆面、地坪等供師生在施工中參與，例如設施之色系拼圖、貼陶磚，或可自由創作之構件，增加師生對校園重建之高度認同感、擁有感與參與感。校舍完工後，亦應由全體參與人員共同擬定日後校園設施管理與維護手冊，以及訂定學校資源與社區共享之校園開放辦法，使參與式規劃設計能全程落實於校園重建。

■ 校園重建參與式規劃設計之原則

校園環境本身就是教育活動的一環，一個設計優良、人性化的校園，必須有賴優秀的建築師來協助規劃設計，才能夠在校園重建過程中完整傳達教育改革的理念。因此，在成立校園重建參與式規劃團隊

之初，即須先遴選出具有理念的建築師加入，才能將教育理念融入參與式規劃設計模式中。以下提出實際應用校園重建參與式規劃設計時應把握之原則：

一、確實掌握校園環境之特性

各校受災的程度互異，重建之需求不同，而外在社區環境各具有特色，外來之設計師要先能掌握環境特質，俾使設計結果不是其他校園之移植。

二、尊重使用單位之意見

學校與社區居民要有充分表達意見之機會，建築師應予尊重並適切反應。不論遵行與否，皆要依據專業知識，站在使用者立場認真考量。

三、有效利用經費

重建經費有限，建築師應以設計手法節省費用，維持功能，並確保工程品質。

四、建築師應具開放教育理念及社區總體營造理念

建築師應具赤子之心及開放教育理念，肯傾聽孩童之需求，理解教師的教育理想，有能力讓校園成為與孩童共同創造實踐夢想的場所；也應具社區總體營造理念，了解學校社區化之重要性，能設計出屬於孩童之學習空間，也適合做為社區人士終身學習之場所，讓校園

環境不僅是孩子們的最愛，也讓社區每一個人都能共享資源。

五、規劃團隊應結合各界專家共同參與

規劃設計團隊應儘量結合建築、環保、都市計畫、景觀及教育等各界專家，共同參與校園重建工作。

■ 災後重建是危機，也是轉機

杜威曾說：「要改變一個人之前，先改變一個人的環境。」邱吉爾也說：「人類雕塑環境，環境陶冶人類。」學校不單只是學生學習的場所，更是社區所共享的文化財，可做為社區文教中心，甚至是緊急避難場所。因此，災後的校園重建工作雖甚艱辛，但卻何嘗不是一種新的轉機，以「新校園運動」將新教育改革理念融入校園重建規劃的理念中，並透過參與式決策方式，協調校內、外公共關係及整合各項資源，共同建構永續經營的新校園。

最後，針對「校園重建參與式規劃設計」，歸納提出幾項可行模式，做為未來學校重建、遷建、改建，甚至新設學校之參考：

一、各級政府應參酌中央政策規定，訂定具有地方特性之校園規劃設計準則或綱要，俾供學校於校舍興建時遵循。

二、建立公共參與機會的開放式規劃系統，突破校園圍牆的限制，教師、學生、家長與社區人士共同形成一個「學習社區」，學校與社區密切配合，互為資源。

三、採高參與模式之學校本位管理，訓練學校人員獲取校園規劃所
　　需的專業知能，並提供有關的資訊，以及對參與人員給於適當的
　　獎勵。

四、各縣市政府應成立學校工程諮詢小組，成員包括學校建築工程專
　　家、學者、建築師公會、土木技師公會、結構技師公會、縣市政
　　府教育行政人員、建築管理人員代表等，負責學校建築之規劃、
　　設計、補強、修繕等審查，以及施工過程之督導，藉以改善及加
　　強學校建築工程品質。

五、建立全面品質管理的校園文化，以團隊合作、持續改進之企業精
　　神，滿足顧客需求為目標，建構有績效、重倫理的校園文化。

重視表面效度，打造出色簡報

　　「表面效度」是一件非常重要的事，任何的組織一定要留意表面效度的重要性。領導有這麼一句話，以校長為例來看，「身為校長，使一個學校看起來很有績效，比真的有績效更為重要。」意思就是說，一個組織的領導者，必須在第一時間內運用創意和巧思，將組織的績效，以各種方式呈現給他人；一個組織的「表面效度」若未處理好，其績效會打折扣。

■ 留意表面效度的重要性

　　「如何帶領一個組織看起來很有績效，比真的有績效更為重要。」一個組織的領導者，在第一時間的表現，如果沒有長者風範，沒有領導者的氣度，或所呈現出來的氛圍沒能受到他人的肯定，那這個組織所呈現給他人的印象就會不好。這就如同相親時，雙方第一眼的印象最重要，第一印象不好，後續的關係都不必談了。這就是「表面效度」的重要。

　　我最近應邀參加教育計畫審查時，就發現各校的簡報有明顯落差。事實上，簡報設計功力及簡報者的表達能力，都會影響審查委員對該組織的印象，如果簡報內容無法有條理地表述，或發表時間控制不佳，組織的績效容易被打折扣，致使表面效度不彰。我將學校簡報發表形式分成 5 個層次，由高至低依序如下：

一、由校長親自簡報，代表重視此項計畫，細節提問再由陪同主管回覆。

二、由校長開場，先說明該校的亮點或重大績效，之後再由主管接續簡報。

三、主管事先練習簡報流暢，當天上臺簡報，校長全程陪同支持。

四、主管若簡報進行過程不順暢，表現不佳，由校長適時接手進行。

五、主管簡報不順暢，校長亦無回應。

　　表面效度做得好，即便內容只有 8 分，別人也會給到 10 分，否則做滿 10 分，他人感受不到 5 分，就會非常的可惜。

■ 製作優質簡報，創意巧思展績效

　　如何將表面效度做得好，以政府部門平日經常面臨的業務簡報或成果報告，到參與各式獎項申請的簡報製作為例，製作優質簡報實是致勝關鍵，PPT 簡報可以在短時間看出誰好誰不好，一眼分勝負，可以引人入勝，搏得更好的口碑。我歸納整理出以下幾項簡報設計的重點：

一、封面是第一印象

封面須細緻處理，製作精緻、具美感及有內涵的首頁。我在對外演講的場合，簡報首頁呈現現職和學經歷，現職同時列出館長和臺灣閱讀文化基金會董事的頭銜，表示致力於閱讀推動；學經歷列出國立臺北教育大學教育學博士、教育部司長和教育處處長，代表我具有良好的學識與豐富的教育行政資歷，聽眾便能明確連結我與講題之間的關聯，更加深對我的認識。

二、得獎在前，特色先列

快速破題，引人入勝。以國資圖參加行政院政府服務獎所製作的簡報為例，我們翻轉一般流水帳般的介紹方式，從外部組織給館內的肯定與得獎紀錄破題，優先列出 2018 年獲得 10 大獎、2014 年獲國際圖書館協會（IFLA）登錄為此生必去的 1001 所圖書館之一，以及 2017 年國際知名建築網站 architizer.com 選為世界 8 大獨特圖書館之一等榮譽事蹟，讓委員有興趣想要更加了解館的服務內容。

三、先統整再細項，先亮點再一般

在大方向的介紹上，一定要先有一張 PPT 做為統整概述的呈現，再牽引出細節內容，資料皆經過盤點、歸納與分類，此舉可以顯現出該單位具有宏觀的視野；特色重點先列，每項重點標題都要吸睛、簡顯且明確，讓人印象深刻。

四、首重易讀，簡淺明確易懂

(一) **編製類懶人包**：大量資料簡單呈現。將複雜且大量的資訊，經過整理簡化為明瞭易讀的圖像，讓聽眾可快速掌握內容重點。

(二) **精簡，標重點**：善用大標和小標，條列說明，重點文字以粗體、顏色或畫線標示，使層次清楚呈現，內文儘量精簡。

(三) **內文及背景成對比色**：內容文字與背景的顏色形成對比色，突顯內容重點且讓人易於閱讀。

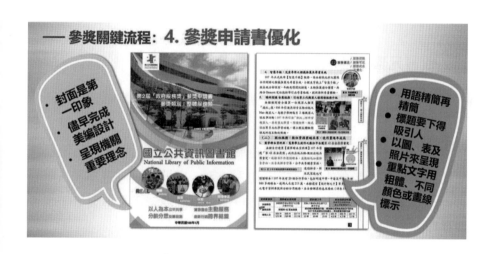

五、圖優於表，表優於文

內容圖像化，善用圖表照片說故事。例如統計數字，若能同時呈現 3 年數字的變化，可以賦予內容一個故事性，這個故事就是機關的努力過程，串起來成為一個情境來描述，這就是所謂的「微故事」。透過故事來深植人心，留下深刻的印象。

(一) **善用真實現場的圖像：** 亦即活動辦理現場的照片，這些圖像是最不會失真，最能打動人心的。因此平日活動辦理的拍攝，要留意取景的重要性。

(二) **善用動態效果的影像：** 在簡報內容中，適時加入活潑的影音或動畫效果，善用動畫、畫面、影像或 3D 素材，以加深聽者的印象。

六、懷舊元素的融入

內容呈現上，有時候可以用跳 tone 的方式，適時做對比。除了現代的時尚元素外，將 1980、1990 年代風行的傳統元素適時融入，可獲得不同凡響的反應。以閱讀角為例，我請員工打造了一區懷舊課桌椅閱讀角，以老舊的課桌椅，加入粉筆、黑板及教科書等，布置成我們小時候的教室情境，成功塑造具懷舊風的閱讀角，獲大量讀者青睞使用。

沒有閱讀力，哪有競爭力

2019 年 8 月 1 日啟動的新課綱，引發許多人的注目與討論，對臺灣的教育界有很大的影響力。相較於過去強調學習「知識」，108 課綱強調的是「核心素養」，著重培養孩子終身學習的基本能力，這是一種為適應現在生活及面對未來挑戰，所應具備的**知識、能力與態度**。

「核心素養」有自主行動、社會參與、溝通互動等 3 個面向，包含身心素質與自我精進、系統思考與解決問題、規劃執行與創新應變、符號運用與溝通表達、科技資訊與媒體素養、藝術涵養與美感素養、道德實踐與公民意識、人際關係與團隊合作，以及多元文化與國際理解等 9 項素養。其中，最基礎的素養能力就是「閱讀素養」。

閱讀素養，是所有素養的基礎

根據 2006 年的促進國際閱讀素養研究（Progress in International Reading Literacy Study, PIRLS）的定義，閱讀素養（Reading

Literacy）包括能夠理解並運用書寫語言的能力、能夠從各式各樣的文章中建構出意義、能從閱讀中學習、參與學校及生活中閱讀社群的活動，以及能夠由閱讀獲得樂趣等。

首先，所謂的「閱讀素養」指的是，面對不同的文本，例如書籍、電影、網路資訊、科學論文等，擷取其中的訊息，正確解釋及統整內容，再依據經驗，產出一套自我的見解與觀點。過去的學習是著重從書上獲取知識，這些知識可以回答考試題目。但未來，知識必須應用在生活上，因此，培養「閱讀素養」，就是打造獨立思考、跨領域解決問題的基礎能力，也是 AI 時代所需的能力之一。

再者，經濟合作暨發展組織（OECD）的國際評量計畫 PISA（Programme for International Student Assessment）提出，閱讀過程一般會分為 3 個階段：

第一階段，**擷取與檢索**，是從一篇文章單一段落中，擷取所需要的訊息。

第二階段，**統整與解釋**，是從跨文本、不同段落裡，找出整體架構及因果。

第三階段，**省思與評鑑**，是連結自己的背景知識，建構對文本的觀點與評論。

從以上 3 個階段來看，一個完整的閱讀過程，我們至少須具備識字能力、文句的理解力、因果推論能力、運用背景知識等能力。因此，培養「閱讀素養」可從以下 4 個部分開始：

一、持續的閱讀

大量閱讀不代表具備了閱讀素養，但若要建立識字能力、培養文句間理解力，仍要透過持續的閱讀來增進。

二、培養提問能力

就事實、推論、評論型問題，提出具層次的提問。例如，六何提問法（何時 When、何地 Where、何人 Who、何事 What、為何 Why，以及如何 How）、人事因果關係的提問、作者創作意圖的提問等。

三、涉獵跨領域知識

進行跨領域知識的累積，可以從擅長或感興趣的領域出發，延伸到較相關的其他領域，再逐步擴及更廣的領域。

四、手腦並用

除了閱讀時在腦中進行演練，手寫筆記更有助於理清架構，形成長期記憶，內化成自我知識，其他包含有效率運用工作記憶、後設認知的覺察等，也是培養閱讀素養的方式。

其實「閱讀素養」就像偵探電影的辦案過程。案發現場就是文本，偵探會提出各種疑問，找出其中的因果關係，再依據過往經驗，從線索推論出犯人及犯案動機。到了結局時，偵探也不免俗地抒發感想，順便開導一下犯人。

■ 閱讀素養，貴在身體力行

時代變得太快，我們已經無法預測未來的世界需要什麼能力，但是我們可以讓孩子學習一種必須終身養成、覺得自己有所不足、時時要再進修的態度。而「閱讀素養」是所有的素養中最根本的基礎能力，但這樣的能力必須落實在行動上，在生活中實踐，以身體力行。

舉例來說，在國際禮儀課程上學得的知識，若未在生活中具體實踐，也是空談。因此，藉由「閱讀素養」習得的一切能力，必須內化到每日的生活中，身體力行，才能發揮「閱讀素養」真正的意義和價值。

給孩子好的閱讀習慣，就是最好的傳家寶

最近在報章雜誌上，常會看到「3C 當保母」的新聞，世界衛生組織更是罕見地發布訊息，建議 2 歲以下的幼童不要接觸電子螢幕。但「幼童滑手機」已經成為一個普遍的現象，我們常會在餐廳，或任何有大人聚會的公共場合，看到許多家長為了減少幼兒的吵鬧，直接將手機丟給孩子做為安撫，造成很多年幼的兒童就有手機成癮的現象。因此，世界衛生組織委員會做出一個決定，在新版國際疾病分類標準中，將 3C 使用失調現象，也列為精神疾病之一，突顯了全球對「3C 成癮」問題的關注。

■ 善用 3C、幸福 3T，讓孩子上網而不迷網

因應 3C 使用的時代潮流與成癮現象，教育部在透過數位學習提升學生資訊力的同時，也非常重視 3C 產品使用不當或過度使用所產生的許多問題，在這幾年持續不斷推動促進學生安全健康使用網路的系列活動，提出「善用 3C、幸福 3T」的正向理念及愛家行動。

　　所謂「善用 3C」，是在強調身處數位時代的父母，於平日生活的教養上，就應該要做到：「了解數位科技與社群媒體」、「設定合宜的監控機制」，以及「力行健康的使用型態」這 3 件事；「幸福 3T」則是推展「全家共讀、同樂、一起動一動」（Reading together、Playing together、Running together）的愛家行動，共同幫助孩子聰明、健康的使用新科技，讓孩子能夠上網而不迷網，擁有幸福的科技生活。

■ 面對數位化時代，提升孩子的 DQ

　　如何善用 3C 產品創造孩子的學習力，在資訊化時代是一項很重要的教育方向。因此，為了提升孩子的競爭力，專家學者繼 IQ、EQ、MQ、CQ 之後，進一步提出 DQ 的重要性。在工業革命以前，人類致勝的關鍵是體力；之後隨著都市化結構的迅速發展，心智、認知能力（IQ）的發展，以及情緒（EQ）、道德（MQ）、創意（CQ）等能力相繼受到肯定與重視。而現在，國際經濟合作暨發展組織與電氣電子工程師標準協會、世界經濟論壇，共同提出 DQ（Digital Intelligent Quotient，數位智商）的觀念，並成立 DQ 研究中心，DQ 被列為因應未來資訊化時代最重要的數位素養。

　　隨著人工智慧時代的發展，未來將會有許多工作被機器取代，我們必須能夠更靈活有效的運用科技，而這種數位能力所需要的，已經遠遠超越過去的體力、認知能力與駕馭情緒的軟實力，而須包含更多的技術、認知、統合認知、社會情緒等素養，須具備分析、思考、創

新、主動學習等「趨勢技能」（Trending Skills），這就是 DQ。DQ 愈高的人，愈具備串聯未來的能力，愈能成為有智慧、有能力、準備好面對未來的數位公民，也愈能成功的使用、控制與創造新科技。

■ 培養孩子的閱讀習慣，3C 閱讀為輔

面對數位時代的來臨，DQ 是孩子未來發展重要的數位素養，因此，與其禁止孩子玩 3C，不如培養孩子良好的數位閱讀習慣，以紙本為主，數位閱讀為輔，給孩子明確的上網規範，限制每天的上網時數。其實不論是實體或數位閱讀，都要讓眼睛能夠適度的休息，避免孩子沉迷於 3C。

讓孩子學會善用 3C，而不過度使用 3C，實體與數位閱讀相輔相成，互補不足，例如透過 3C 電子載具閱讀網路上的各式電子資源，由親師一起協助孩子選擇好的閱讀工具，以下幾項建議供大家參考：

一、營造優質的閱讀環境

為孩子提供一個良好的閱讀空間，提供他們會喜歡的、能引起興趣的閱讀素材，讓孩子自由選擇喜歡的內容，將閱讀融合在每日的生活當中，從而愛上閱讀、習慣閱讀。

二、與孩子一起閱讀

孩子的閱讀習慣是一個漸進的發展過程，要幫助孩子建立習慣，父母最好能夠和孩子一起閱讀，無論工作有多忙，都應該抽出時間與

孩子共同閱讀，這是一種無聲的教育，依據不同年齡的孩子，選擇適當的閱讀內容。對於年紀小的幼童，講故事給孩子聽，讓孩子養成聽故事的習慣；上幼兒園後，可以提供閱讀繪本，讓孩子養成靜心閱讀的習慣；父母以身作則共同閱讀，更能帶動家庭的閱讀氛圍，為家裡增添一股文化氛圍。

三、持之以恆，養成習慣

選擇一個合適的時段，每天固定閱讀，以做為家庭生活的重要活動，全家一起享受這個過程。在這段時間內，大家都在閱讀，堅持一段時間後，和洗臉、刷牙、吃飯、睡覺一樣，讓閱讀成為一種需要後，自然能夠變成習慣，這就是我們常說的，「勉強成習慣，習慣成自然。」

四、多利用公共資源

培養閱讀的最佳場域就是公共圖書館，現在的圖書館已經不再只侷限於看書、借書和還書的功能，取而代之的是多角化的類博物館經營模式。除了傳統借還書外，更可提供民眾展覽、講座、手作，以及推廣閱讀的各式大型活動，鼓勵民眾閱讀好書，買／借好書，看／分享好書，可有效平衡孩子使用 3C 產品的比例，進而培養良好的閱讀習慣。

最好的傳家寶
──因應數位化時代，培養孩子的閱讀習慣

隨著數位時代的來臨，數位閱讀的需求量增加，相對也衝擊著實體書的出版，如何教導孩子善用 3C，提升孩子的數位素養，讓實體與數位閱讀二者兼顧互補，是讓孩子在資訊化時代提升競爭力的一個關鍵。

時代不斷進步，數位化為不可擋之勢，因此我們在教育作為上，除了加強孩子提升數位能力之外，還要避免孩子過度使用 3C 產品，而更重要的是，培養孩子因應數位年代所必須的 DQ 素養，以及良好的閱讀習慣，讓孩子學會聰明使用 3C 工具，而不是被 3C 產品牽著鼻子走。

我們一般的小康家庭，雖然不可能擁有如商業鉅子的財富傳承給孩子，但我們可以給孩子良好的閱讀習慣，培養孩子好的品格，做為最佳的傳家寶，這也是孩子終其一生都用得到、帶著走的基本能力與素養。

善用規準

　　我們在工作、家庭和生活當中，都會有一些感觸、體會或領悟，若經常性出現某種領悟，而產生較邏輯性、系統性、計畫性的思維，甚至具有一定的程序、步驟，就成為一種個人處事的基本想法與原則，我們必須善用它，它其實就是一種「規準」。

什麼是規準

　　何謂規準？規準可以解釋為「評斷事物價值或適切與否所依循的一套準則」。了解教育的規準，對教育工作者而言，是很重要的事，提供成員檢視自己的教育理念、言語、行為，是否具有價值或適切與否的依據。我們可以說教育規準，即為教育應遵循的基本原則。

　　尤其，當我們在針對某事件、活動或對他人的意見、想法表達看法時，如果沒有結構性的隨意表示意見，不但感覺零散，也沒有系統性、組織性。惟若能以平日所領悟的規準，以此做為思考架構，來進

行有系統的評析，表達出來的看法一定十分中肯有見地，也會有獨到的見解。

致詞三部曲

例如我長期擔任教育主管、首長，經常須參加各種會議或活動，有時行程非常忙碌，在趕場時，根本沒有時間去思考每個場合到底要談哪些重點。因此，在我個人的經驗法則裡，對於致詞或談話，就有一個很好的規準，比如參加學校運動會或百年校慶時，我的致詞三部曲的規準，就是「恭賀、肯定、期許」。先恭賀學校百週年生日快樂；再透過對學校現場的觀察，包括文宣、刊物等，進一步針對學校最近一年的重大表現做肯定；最後，以一個教育行政者的角度，對百年學校在國際化、科技化等方面提出未來的期許。我就是以此架構做談話的方向，基本上是不太需要準備致詞稿的。

因此，善用規準，無往不利；善用規準，可以讓你事半功倍。

善用時間

　　每個人的時間都有限，也常有人怨嘆時間不夠用，像我擔任行政首長，每天都要主持無數的會議、批閱成堆的公文、接待許多的貴賓等，所以也常常覺得每天時間不夠用。但時間是公平的，我和大家一樣每天都只有 24 小時。有句俗話說，「一寸光陰一寸金，寸金難買寸光陰。」就是在說明時間是很寶貴的。因此，該如何有效的利用時間，就顯得格外重要了，善用時間，才能將時間留給重要的人事物，讓時間的運用發揮人生最大的價值。

　　2018 年有一份報導說，美國川普總統在和比爾・蓋茲（Bill Gates）會面時，提出邀請比爾・蓋茲出任白宮科技顧問的職位，照理說，許多科技鉅子都會希望接受這份職位，這代表了成為科技領域龍頭的一種殊榮，可以掌控更多的資源，但比爾・蓋茲婉轉拒絕出任此職位，他的理由是，「對我而言，這不是時間運用的最好方式。」（That's not a good use of my time.）

時間運用的最好方式

比爾・蓋茲進一步說明，他的人生還有很多重要的事情要做，第一，要讓他的企業持續創新，引領世界的進步；第二，他還想做公益，協助更多需要的人；第三，他想持續進行氣候變遷和傳染病防治的科研。

我覺得比爾・蓋茲表達出，他的時間有限，他的未來想致力於他的理想和抱負，不想花時間在當白宮的科技顧問。所謂「時間運用的最好方式」，其實指的就是「善用時間」。因此，如何有效率地利用時間，達成設定的目標，就成為人生非常重要的課題。而做好時間管理的第一步，我認為應要能懂得婉拒不必要的事情，因你並沒有太多時間可以承接外面的邀請或委託的事情，勇敢向別人說「不」，適時忽略那些你其實可以不用做的事，依輕重緩急安排事情的優先順序，並據以執行。

善用時間的生活哲學

每個人心中都有夢想，夢想則需要時間的累積來逐步實踐，但大家所擁有的時間都是一樣的，因此，我們必須要懂得「善用時間」，在有限的時間內，創造無限的價值。要如何善用時間呢？最近我在YouTube 上看到一則影片，描述一位大學教授在哲學課堂上，透過一個玻璃瓶，為學生進行一場人生哲理課程，告訴學生如何善用時間，如何追尋更快樂的人生。

這位教授首先將一個玻璃瓶放在桌上，然後將一些高爾夫球倒進玻璃瓶後，問他的學生們「滿了沒？」學生們回答「滿了！」教授又將一袋彈珠倒進瓶子，又問「滿了沒？」學生又回答「滿了！」他再將一袋沙子倒進瓶子，一樣問「滿了沒？」學生們又一次回答「滿了！」最後，教授將啤酒慢慢的倒進充滿沙子、彈珠和高爾夫球的瓶子裡，直到啤酒把瓶子倒滿，他同樣問「滿了沒？」學生們都笑了。後來，一位同學舉手問了一個問題，「啤酒代表什麼？」教授微笑說，「這滲透所有間隙的啤酒告訴我們，生活再怎麼忙碌，你也要和你的家人、朋友喝一杯。」

這則故事告訴我們，玻璃瓶就像是我們的生活，高爾夫球代表工作、生活和家庭，是人生中的核心事物，彈珠、沙子、啤酒則屬生活中的小事。我們要活出自我，努力完成人生中的大事，千萬不要被生活中的瑣事所束縛，而影響我們人生中重大事情的推動。

我從這則故事同時也體會到善用時間的生活哲學，進一步說明如下：

一、善用時間，達成不可能的任務

只要你善用時間，建立一個合理的目標，循序漸進的去執行，天底下就沒有什麼是不可能完成的事。

二、建立主次分明的生活哲學

事有輕重緩急，應將優先順序排列清楚並依序執行，如果你的時間一開始就被一堆瑣事占滿，你將沒有時間和空間去做生命中更重要的事。因此，不要被小事拘絆，不要因為細瑣的小事，而影響大事的推動。

三、要懂得休閒

生活無論再怎麼忙，你還是要懂得休閒，才能讓你身心放鬆，才能擁有更好的能量去面對未來更多的挑戰。

■ 時間管理的祕訣

「時間管理」，就是善用有限的時間，達成最大的效益。我的經驗告訴我，「時間管理」會直接影響到一個人的生活品質及未來發展，時間管理得當，不但可以大幅提升生活品質，還能為我們帶來滿滿的幸福感，讓我們離夢想更近。因此，我為大家整理幾個我覺得很實用的技巧和原則，供做參考：

一、帶著感恩的心，啟動每一個全新的一天。

二、先懂得斷捨離，排除不必要的瑣事，避免分心。

三、列出代辦清單，排出優先順序，據以執行。

四、列出完成清單，檢核時間管理是否適切。

五、善用零碎時間，找到自己工作與生活的樂趣。

六、適時適切放鬆，休息是為了走更長遠的路。

七、爲明天做規劃，事先爲每一個新的一天做準備。

八、將重大任務分成細項，預排每日完成哪些小細節。

九、訂一個硬性的結束時間，讓每日的工作有段落。

十、養成習慣，持之以恆，才能累積小成功，成就大未來。

善用財富

在現今變動的年代，「理財」的觀念是愈來愈重要了，我們必須從「理財教育」出發，培養孩子的「財金素養」，才能夠「善用財富」，進而有效管理生活。因此，108 課綱已經開始強調「理財教育」的重要性，在高中的家政課程當中，除了過去著重的飲食、衣著外，更將收入、儲蓄等「生活管理」面向，融入到課程當中，讓孩子擁有「財金素養」，同時具備理性、邏輯、批判等思維，以及在社會上能夠「帶著走」的能力。

一、錢，給需要的人才有用

無論你有錢還是沒錢，基於取之社會、用之社會的情懷，都可以盡自己能力所及，去幫助需要幫助的人或團體，甚至宗教等。之前看到臺東有一位陳樹菊阿嬤，獲美國《時代雜誌》評選為「2010 年全球百大最具影響力人物英雄類」第 8 名，她是一位菜販，在臺東的市場擺攤賣菜，將所賺得的錢都捐獻出去，人家問她，妳自己也過得不好，為什麼還要捐錢，她說：「**錢夠用就好，錢，要給需要的人才**

有用。」透過有限的財富，盡自己的所能，去做對社會有意義的事，做公益就是人生最大的意義與價值。

二、即早做適當的理財

最近有關十二年國教課綱的討論，很多專家學者提出，國小就應該將金融教育納入議題，讓孩子從小就有適當和正確的理財觀念，而且要趁機教導孩子不要投機。而 2018 年年金改革方案，對很多公僕可能都有衝擊，甚至有些人開始擔心以後年老的生活。但當時也有一種聲音說，因為公務員較少投資理財，通常靠退休金生活，未來大家從年輕時就要懂得開始做適當的理財。因此，我們必須懂得及早以適合自己的方式來理財，累積時日，你就會發現，「時間的魔法」是很恐怖的。

「時間的魔法」是指，時間會累積驚人的力量，天天細微的改變，會累積巨大的成效，產生時間的「複利」效應。最近我太太告訴我說，我們百萬的車貸繳了 5 年還清了，車子已經是我們的了，現在每月不用繳貸款了，感覺突然多了一筆錢可以使用，其實這就是一種「時間的魔法」，時間的影響力是很大的。

三、經費要花在刀口上

就公務行政機關而言，經費是來自於民脂民膏，是納稅人的錢，一定要妥善利用，將錢花在刀口上，依據機關的需求，針對市場行情進行了解，將有限的經費做最大的運用與實踐，以發揮應有的效益。

　　以上就是告訴大家，適當理財、善用財富的重要。108 課綱強調財金素養，除了教導學生儲蓄、記帳及消費的觀念，也重視理財價值的重要性，教學生分辨「需要」與「想要」、「價格」與「價值」，讓孩子從「理財教育」當中培養「財金素養」，進而延伸到對生活事物的管理能力，更懂得將身邊所擁有的有限事物，包含金錢，做一個合理適度的調控。

　　最後，我提出「善用財富」，有個很重要的意義，即希望能引導大家從看似很個人的行善與理財行為，延伸內化為生活上、工作上的道德高度，並具體實踐，造福更多的人，影響更多的人事物，帶動整體社會「善」的循環，這是我們在面對現在高度複雜的社會下，都應該具備的基本素養。

做好基礎工，不用怕評鑑

　　談到評鑑，不論公私部門，任何組織都會有潛在的壓力，這是大家共同的夢魘。但事實上，何謂「評鑑」，評鑑是為了改善，所以我非常不喜歡「為評鑑而評鑑」，我希望是「為教育而評鑑」，才能夠達到評鑑的真正目的。然而面對評鑑，我們應以平常心待之，只要平常做好專業分工，分層負責，充分授權，適當管考，同時將平日所該執行的業務融入到行事曆當中，積極執行。換句話說，只要平日基礎功夫做得好，我們是不用怕評鑑的，因為這些執行成效的資料，是可以累積、共享的，因應在各種參獎、評鑑、考核或訪視的成果及簡報資料，均可依據不同場合的需求，隨時滾動調整修正，隨時上場。

　　我在擔任館長期間，2018 年獲得 10 個大獎，是歷年之最，2019年又獲得行政院政府服務獎，身為首長，獲記大功 1 次，隨即又通過 4 年一評的圖書館評鑑等。這些就是奠定在既有的基礎和文化氛圍上，平日做好分層分工、健全機制、落實執行，相關資料做滾動修正，不斷地累積成果。當面對各種評鑑考核時，我們就可以平常心，將我們的執行成效，根據不同的評審指標進行調整準備。因此，任何

一個組織在面對評鑑時，我有幾個很重要的見解，給大家參考：

一、行政管理

對於各種計畫的推動，我們應該強調的是「過程導向」，而非「產品導向」，定期檢視過程中有哪些作法是不完善的，追蹤各項工作的執行進度，以研訂改進措施，確實做好每一項過程的品質保證，才能符合大眾的期待。

在公共行政理論上，有所謂的「行政三聯制」，指的是計畫、執行、考核三個面向。因此，在組織當中，我們對一項政策的推動，一定要有完善的計畫，同時根據計畫內容落實執行，過程中須隨時檢討改善，按照既定的 SOP 嚴謹執行，並由研考單位來追蹤管考，做各項進度及預算的控管。

二、預警機制

每季或一段時間就要檢討各項指標，與不同年度同期數據相對照，做相同、相異點的比較與分析，若發現數據有降低的趨勢，就必須針對問題尋求解決之道，以及早因應，減緩可能的影響。

所以我們重視的是「事前預防」，而非「事後檢測」，我們更強調「每一次、第一次就把事情做對」，以「事先預防」為前提，不以「事後補救」來彌補。採取「錯誤可事先設計予以消除」的態度，來嚴格控管每個環節，將失誤減到最低，以確保品質。

三、事實管理

　　組織必須蒐集相關事實資料，進行統計分析及研判，了解其中的變異情形，並分項進行處理，尋找缺失原因加以修正。以事實為決策基礎，重視科學的方法，增加品質提升及決策過程的正確性及客觀性。

　　因此，組織對各項重大事務，都應該進行風險影響評估，找出危險因子，適時管控和因應。例如，組織每年都應該確實執行內部控制作業及內部稽核工作，留意各項細節，有效管理組織所有潛在的風險，才能減少不必要的責任及狀況，讓所有的努力及投資得以展現應有的成效和預期效益。

四、感動服務

　　懂得善用庶民的語言，才會有力量，才能打動人心。尤其，組織推出各種有感、利民的措施，如果沒有用民眾聽得懂的語言，恐難引起民眾的共鳴，畢竟我們的對象是平民大眾，應該用大家都耳熟能詳，且有故事性的敘述，民眾才會有感。

　　要做好「感動服務」，必須以人為本，做好「傾聽、同理、關懷」，這三者是「感動服務」的基本元素。正如我常說，「好的醫生是視病如親，好的公僕是視民如親，好的老師是視生如親，視如己出。」感動服務，就是把民眾當做好朋友，以「好東西和好朋友分享」的心態，將民眾的任何詢問、指責或請求，都衡情、衡理、衡法地尋求最好的處理方式，讓民眾滿意、感動，並感受到組織滿滿的能量。

五、組織文化

　　一個組織的文化品質要好，成員才會願意同心協力，團結一致，朝目標前進。當成員對品質有共識、承諾，才能在組織中形成有品質的文化氛圍。因此，要有好的組織文化，成員必須由下而上建立共同的組織願景，彼此共同參與互動，逐層凝聚共識，進而激發成員自發性追求高品質的責任感，營造追求高品質的文化氣氛，進而發揮組織的創造力與能量，建構有品質的組織文化。

　　有句話說「臺上 1 分鐘，臺下 10 年功」，平常如果做好以上的基礎工作，做好準備功夫，遇到臨時要上場時就不必擔心，我們可以從容因應各種突發狀況，隨時展現出「We are ready」的自信態度和氣勢。

為教育價值而得獎

在我擔任館長期間，於 2019 年獲得了行政院「政府服務獎」的肯定。這個館的新建築在 2012 年啟用，2014 年獲得國際圖書館協會 IFLA 登錄為「此生必去的 1001 所圖書館」之一，2017 年又被國際知名建築師網站 Architizer 公布為世界 8 大獨特國立級圖書館之一。在這樣良好的基礎上，我到任後的近 3 年更積極地轉型，在 2018 年度展現了豐碩成果，共獲得 10 種獎項，其中以「第 42 屆金鼎獎」及「107 年資訊月百大創新產品獎」2 項，最能展現創新績效，穩健而持續不斷的精進，並進一步在 2019 年獲得「政府服務獎」。

成功的經營管理 5 大關鍵

事實上，獲獎並非偶然，要有過往的灌溉，才能成就今日的纍纍成果，而服務品質能夠提升並獲得獎項，一定有其經營成功的關鍵之處。因此，在獲獎之後，很多單位都前來邀約取經，我很樂於和大家分享，便認真思考獲獎的原因，並從這幾年的發展歷程當中，歸納出

5 項非常重要的成功因素：**創新、獨特、加值、活力、穩定**，做為任何一個組織，未來在經營管理上，或是申請獎項、準備評鑑報告方面，都可以參考的共通性原則：

一、創新

指的是改變或引進新觀念、新方法或新奇的事物。對組織而言，藉由創新提點子（idea），加上努力實踐的過程，除了可以創造出令人感受得到的「價值」，更能夠提升組織的競爭力，讓組織得以永續發展。但不管如何創新，都不能偏離組織的核心價值。

在我擔任館長時，2018 年的臺灣閱讀節「不閱不睡・讀享生活每一刻」活動，就是以「閱讀」元素為主軸，融合夜宿與露營所開創的一項新產品，藉由家庭親子共同參與，體驗全家一起擁書而眠的閱讀樂趣與溫馨氛圍。

二、獨特

指的是創造許多其他同業所沒有的「唯一、第一或首創」，因為真正的競爭力是來自於「人無我有、人有我優」，或者也可以說，「無中生有，有中求好，好中求精，精益求精，止於至善」。因此，在組織經營管理的過程中，最重要的就是找出與眾不同的 unique。

我擔任館長首創「iLib Guider 尋書導引 APP」服務，讓民眾找書就像使用 Google 導航一樣簡單，是全國公圖第一支「手機借書」APP，讓民眾免排隊就可以借書，這些新奇、創意與獨特性，都是其他公圖所沒有的。

三、加值

指的是「跨域加值」與「附加價值」。廣義來說，「跨域加值」就是跨越同溫層，可以是同業合作，也可以是異業結盟，透過跨域來彌補資源的不足，以及提升自己的能量；「附加價值」就是所推出的服務或產品，當持續推動時，會讓人感受到一個更高的衍生價值，而這個價值不是任何人力、物力、財力所能衡量和換取的。

例如我特別爭取與網路電商東稻家居（H&D）合作，共同打造21個閱讀角，H&D 除了贊助家具之外，同時拍攝 AR 環景影片，還將圖書館的活動及影片，透過企業網路平台推播，將圖書館的品牌行銷出去，這潛藏的附加價值早已超過實質的贊助，這種「看不到的價值」，才是真正的價值。

四、活力

指的是一個組織應該要有「高度的熱情、良善的態度，以及好的執行力」。擁有「高度的熱情」，才能展現出最大動能，做到我常說的「五心級」服務，「有心、用心、耐心、愛心、細心」；「良善的態度」指的是合宜、適切的應對與進退，展現熱情與活力，讓民眾能夠感受到有溫度的服務；有「好的執行力」，則能讓所有資源整合得非常好，讓外界理解到組織的每一分錢都是花在刀口上。因此，要讓人感受到滿滿的活力，指的就是熱情、態度和執行力。

對於活動的規劃，我一向都堅持跳脫以往花火式的一次性方案，將時間軸拉長，效益才會提升，所以每年的活動都是全國的唯一和首

創，正如「閱讀全壘打」活動，以借書換取門票，成功將愛書人轉變為球迷，將球迷轉變為讀者，更帶動全國公圖，成為大家爭相仿效的對象。

五、穩定

指的是組織的「政策很明確、執行有力道、成果很豐碩」，藉由穩定的傳承、整合、創新，達到組織的永續發展。因此，一個組織必須要有明確的短、中、長程計畫，如同政府有施政計畫，學校有校務發展計畫，圖書館有館務發展計畫。身為一個領導者，必須要有明確的理念與願景，讓成員很清楚組織的方向與目標，組織才會穩健發展及進步。

我將館定位為「幸福館」，提出一個願景、二項價值、三種思維、四大使命、五大共同信念，進而將這些願景融入館務發展計畫，每一項都有一定的推動策略和執行方案，清楚而明確，讓成員有依循的方向，並且都看得到成效，亦即有行動和成果。

■ 為自我精進而評鑑，為教育價值而得獎

我一直認為，不要為了得獎而得獎，不要為了辦活動而辦活動，而是要為了教育價值而得獎。亦即，為了自我突破而嘗試，為了改善而考核，為了讓組織壯大而創新，藉由外部角度檢視組織盲點，透過旁觀者檢視每一個服務環節，讓組織更有特色、精益求精。也就是說，是為了改善、修正及精進而評鑑，以提升組織的能見度及存在

感，進而創造更多的價值，形塑組織的品牌與形象。

最後，「讓組織走出去，將世界帶進來」，才會有源源不絕的能量或資源。同時，以上「創新、獨特、加值、活力、穩定」這 5 大成功因素，不僅是獲獎的關鍵，也可做為任一組織經營管理的成功關鍵及共通性原則。

您， 了沒？

趕緊加入我們的粉絲專頁喲！

教育人文 & 影視新聞傳播～五南書香

五南圖書 教育／傳播網
https://www.facebook.com/wunan.t8

 五南圖書 教育/傳播網

等你來挖寶

絲專頁提供——

書籍出版資訊（包括五南教科書、
識用書、書泉生活用書等）

定時小驚喜(如贈書活動或書籍折
等)

絲可詢問書籍事項（訂購書籍或
版寫作均可），留言分享心情或
訊交流

請此處加入
按讚

封面圖
不定期
會更換

國家圖書館出版品預行編目資料

教育創新經營：工作、生活與學習的智慧／劉
　仲成著. -- 初版. -- 臺北市：五南圖書出
　版股份有限公司, 2020.07
　　面；　公分
　ISBN 978-986-522-046-4（平裝）

1.教育行政　2.領導理論　3.教育管理學

526.4　　　　　　　　　　109007433

1I2N

教育創新經營
工作、生活與學習的智慧

作　　　者 ― 劉仲成（344.5）

發 行 人 ― 楊榮川

總 經 理 ― 楊士清

總 編 輯 ― 楊秀麗

副總編輯 ― 黃文瓊

責任編輯 ― 黃淑真　李敏華

封面設計 ― 王麗娟

出 版 者 ― 五南圖書出版股份有限公司

地　　　址：106臺北市大安區和平東路二段339號4樓

電　　　話：(02)2705-5066　　傳　　真：(02)2706-6100

網　　　址：https://www.wunan.com.tw

電子郵件：wunan@wunan.com.tw

劃撥帳號：01068953

戶　　　名：五南圖書出版股份有限公司

法律顧問　林勝安律師事務所　林勝安律師

出版日期　2020年7月初版一刷
　　　　　2021年9月初版三刷

定　　　價　新臺幣380元

經典永恆・名著常在

五十週年的獻禮——經典名著文庫

五南，五十年了，半個世紀，人生旅程的一大半，走過來了。

思索著，邁向百年的未來歷程，能為知識界、文化學術界作些什麼？

在速食文化的生態下，有什麼值得讓人雋永品味的？

歷代經典・當今名著，經過時間的洗禮，千錘百鍊，流傳至今，光芒耀人；

不僅使我們能領悟前人的智慧，同時也增深加廣我們思考的深度與視野。

我們決心投入巨資，有計畫的系統梳選，成立「經典名著文庫」，

希望收入古今中外思想性的、充滿睿智與獨見的經典、名著。

這是一項理想性的、永續性的巨大出版工程。

不在意讀者的眾寡，只考慮它的學術價值，力求完整展現先哲思想的軌跡；

為知識界開啟一片智慧之窗，營造一座百花綻放的世界文明公園，

任君邀遊、取菁吸蜜、嘉惠學子！